CHEZ LES CHINOIS

SIXIÈME SÉRIE. — Format in-8°.

Restaurant en plein vent.

CHEZ
LES CHINOIS

PAR

Louis DUPONT

~~~~~~~

Ouvrage orné de nombreuses illustrations

PARIS

SOCIÉTÉ FRANÇAISE D'IMPRIMERIE ET DE LIBRAIRIE

(ANCIENNE MAISON LECÈNE, OUDIN ET c⁽ᵉ⁾)

15, RUE DE CLUNY, 15

CHEZ LES CHINOIS

I

COMMENT MANGENT LES CHINOIS.

On ne connaît pas en Chine l'usage de la fourchette qui, du reste, n'a été employée en Europe d'une manière générale qu'à la fin du XVII⁰ siècle, et Louis XIV lui-même mangeait encore avec ses doigts. Les Chinois se servent de petites baguettes en ivoire, en os, en bambou ou en bois, qui peuvent avoir trente centimètres de long et, avec ces baguettes, agilement maniées, ils portent à leur bouche, non seulement les morceaux de viande (car la viande leur est servie toute découpée), mais même des grains de riz.

En revanche, ils connaissent l'usage de la cuiller, dont ils ont souvent à se servir, car ils mangent beaucoup de gelées et de choses confites.

On mange un peu de tout en Chine. Dans les provinces du sud on mange surtout du riz, dans celles du nord des nouilles ; et des canards, des poules,

du porc, du gibier, etc. Les pommes de terre sont en
honneur dans le Sud, de même que le chou dans le
Nord. On mange du mouton dans les provinces du
Nord ; mais, d'une manière générale, la masse de la
population mange bien souvent ce qui lui tombe sous
la dent ; car, dans certaines régions montagneuses
du nord de la Chine, les transports sont extrêmement difficiles, les mulets et les ânes qui portent
les vivres ne trouvent à peu près rien à manger pendant la mauvaise saison, et il éclate d'horribles fa-
mines dans lesquelles périssent des millions de
personnes.

Dans tout le sud de la Chine et en particulier,
dans la ville de Canton, on mange volontiers du chien
et l'on élève avec un soin particulier une race de
chiens destinés à être servis sur les tables les plus
délicates. On raconte même à ce propos l'anecdote
suivante :

Un officier de la marine anglaise fut un jour invité à dîner par un riche mandarin qui lui servit d'a-
bord des plats assez peu substantiels, si bien que
notre Anglais avait encore grand'faim lorsqu'il vit
apparaître un morceau de viande supérieurement
rôti et très appétissant. Il en mangea une tranche
respectable arrosée d'un jus délicieux, mais il lui
sembla que le goût de cette viande différait sensiblement de celui du mouton que l'on mange en Europe. « Sans doute, se dit-il, les moutons chinois ont
la chair plus délicate que les nôtres. » Mais enfin, ne
pouvant se contenter de cette explication, il résolut
de demander à son hôte quelques renseignements
sur la nature de ce plat succulent. Or, si notre
Anglais ne savait pas un mot de chinois, le manda-

rin, de son côté, ne savait pas un mot d'anglais, ce
qui n'empêchait pas les deux convives de manger
de fort bon appétit, mais les obligeait tous les deux
à garder le silence. Notre Anglais imagina le moyen
suivant : il fit un signe au mandarin, posa le doigt

Le dieu de la cuisine.

sur le rosie du gigot et se mit à bêler. Le mandarin
comprit parfaitement, et, faisant avec la tête un signe qui voulait dire : « Vous n'y êtes pas », il poussa
trois « Baou, Baou, Baou » énergiques. L'Anglais
avait mangé du chien.

Comme il avait encore faim, il paraît que, loin de
se laisser affecter par cette découverte, il redemanda
du mystérieux rôti.

Les Chinois mangent certains mets qui nous paraissent assez bizarres. Il faut citer en première
ligne les nids d'hirondelles, que l'on achète au poids.
On les fait cuire dans du bouillon et ils prennent l'aspect et aussi le goût des nouilles. Les nageoires de
requin sont également recherchées ; on les coupe
en tout petits morceaux et on les sert avec des œufs
brouillés, après les avoir fait cuire au bouillon. Dans
le sud, on mange parfois des sèches, poissons qui
projettent un liquide noir comme de l'encre. La chair
de ces poissons, une fois cuite, a tout à fait l'aspect
de semelles de soulier et n'est pas sensiblement plus
agréable que celle-ci au goût des Européens.

En général, la cuisine chinoise ne répugne nullement à nos goûts, et parfois même elle nous paraît
excellente, mais à la condition de s'abstenir de toucher aux plats qui ont été accommodés avec de l'huile
de ricin, dont on se sert en particulier pour les ome-
lettes.

On mange donc en Chine, tout comme ailleurs,
des choses substantielles, et l'étranger se rendant en
Chine n'a nullement à redouter d'y mourir de faim.
Si l'on avait quelques doutes à ce sujet, le menu
suivant d'un souper donné à la fin d'une soirée dans
une des ambassades étrangères de Pékin suffirait à
les dissiper :

Consommé de volaille
Perche, Esterlet
Sauce mayonnaise
Anguilles en gelée
Mayonnaise de saumon
Selle de mouton, filet de bœuf
Cuisse de sanglier
Perdreaux

Galantine de volaille
Pâté de lièvre
Dinde
Aspic à la financière
Hure de sanglier
Pâté de foie gras en gelée
Salade à la jardinière
Salade de homard
Jambon en gelée
Tourte aux pommes
Meringue à la crème
Crème au chocolat
Nougat à la crème
Salade d'ananas
Macédoine de fruits
Café.

Que boivent les Chinois ? Du thé, naturellement, et du meilleur, cela va sans dire. Les Chinois ont un goût extrêmement exercé et sont en mesure d'apprécier les qualités de certains thés que nous autres Européens trouvons régulièrement fades et insipides, lorsqu'il nous est donné de les goûter, car ces thés ne servent qu'à la consommation des Chinois aisés, et ceux qu'on expédie en Europe sont considérés par les gourmets du Céleste-Empire comme des thés absolument grossiers.

Les Chinois ne prennent ni sucre ni lait avec le thé. Quand il est vraiment de bonne qualité, ils le préparent tasse par tasse, c'est-à-dire qu'ils mettent dans chaque tasse une pincée de thé et versent dessus de l'eau bouillante. Pour éviter que les feuilles ne viennent en même temps que le thé, on renverse sur la tasse une soucoupe spécialement affectée à cet usage et on ne laisse entre cette soucoupe et les bords de la tasse que la place nécessaire pour qu'un peu de liquide puisse passer.

Les Chinois boivent aussi une sorte de vin qui se rapproche plutôt de l'eau-de-vie, bien qu'il soit extrêmement léger. Il est fait avec du millet et se consomme surtout dans le nord de la Chine. Cette boisson n'est pas très enivrante, et il est fort rare qu'un Chinois soit ivre ou que le vin exerce sur lui les effets qu'il produit généralement lorsqu'il est pris en assez grande quantité: une joie bruyante ou une humeur querelleuse. Aussi en boit-on pas mal et, comme il se vend à la livre, les qualités de résistance des buveurs chinois sont appréciées à la livre. On dit, par exemple: un tel est un homme de deux, trois, quatre, cinq livres, c'est-à-dire qu'il peut boire deux, trois, quatre ou cinq livres de ce vin.

On en boit aussi, avec modération cette fois, dans les réunions de famille ou bien entre amis. Les Chinois ont comme nous l'habitude de boire à la santé des personnes présentes et absentes, et pour prouver qu'ils ont vraiment bu à la santé proposée, ils retournent leur tasse qui doit être vide.

Naturellement le vin de Champagne, connu dans le monde entier, se trouve aussi en Chine, et il y est bu, non seulement par les Européens résidant là-bas, mais aussi par les Chinois. On désigne sous le nom de Tsung-li-Yamen le corps constitué par les ministres chinois, ou du moins, car il n'y a pas en Chine d'organisation politique semblable à la nôtre, par les personnes appelées à donner leur opinion sur les affaires de l'Empire les plus importantes. Eh bien! le Tsung-li-Yamen boit du champagne, tout comme ne manquent pas de le faire des ministres européens.

Il est un point sur lequel il nous faut reconnaître

que les Chinois nous ont été supérieurs pendant bien longtemps. Il y a encore quarante ou cinquante ans, il était extrêmement difficile de se procurer de la glace, en France comme partout en Europe. Il fallait aller l'acheter chez les confiseurs, qui la vendaient fort cher, n'en ayant pas eux-mêmes de grandes quantités. Maintenant, il est vrai, tout a changé et, grâce à la fabrication artificielle, la glace est devenue très bon marché partout en Europe. Mais les Chinois nous ont devancés, car depuis plus de 2500 ans ils ont l'habitude de se servir de glace et la vendent à très bas prix. Il va sans dire que c'est de la glace naturelle, coupée en hiver en blocs énormes, entassés ensuite les uns sur les autres et recouverts de paillassons, puis d'une couche de terre très mince sur laquelle on dispose d'autres paillassons. La glace peut ainsi résister aux chaleurs, qui sont parfois très fortes.

En été, on voit à Pékin des marchands, tout à fait semblables à nos marchands de coco, vendre en pleine rue des boissons rafraîchissantes qu'ils tiennent entourées de glace. Ils débitent en particulier une sorte de limonade faite avec des prunes aigres et qui a fort bon goût.

II

FÊTES CHINOISES.

I. — LA FÊTE DE LA LUNE.

Cette fête se célèbre au huitième mois de l'année et dure cinq jours. Elle donne lieu à toutes sortes d'amusements, et notamment à l'envoi d'une multitude de cadeaux, tous en forme de lune.

On achète des statuettes représentant les génies, les immortels. Tous ces objets prennent place sur les étagères, entre les objets de collection de la famille, trésors qui ne sortent qu'en cette circonstance solennelle des coffres où on les tient emprisonnés toute l'année. Le centre de cette exposition est toujours occupé par une grande pagode.

Au dehors l'on fait partir des pétards et l'on tire des feux d'artifice; au dedans la musique égaie la réunion des amis et des membres de la famille; on s'invite mutuellement, de maison en maison, à admirer la richesse des collections et le bon goût des expositions.

Le 15, à minuit (la fête commence le 10), tout le monde s'assied dans la cour, devant un grand repas qui termine la fête. Ce banquet est donné spécialement dans le but d'attendre la descente de la déesse de la lune. La légende veut en effet qu'elle s'abaisse ce jour-là jusqu'à notre humble séjour pour venir exaucer les vœux des mortels. Inutile de dire que personne n'a encore entrevu la gracieuse déesse, mais

Il est bien difficile de chasser de l'esprit des peuples des traditions transmises de père en fils, depuis des milliers d'années.

On raconte, pourtant, qu'une pauvre vieille femme fut favorisée, une nuit, de la visite de la déesse, qui lui demanda ce qu'elle désirait et lui promit de lui accorder tout ce qu'elle pourrait souhaiter. Éblouie par le costume éclatant et la beauté imposante de la visiteuse, la pauvre vieille resta tout interdite et ne sut que répondre. Enfin, devant la bienveillante insistance de la reine de la lune, la bonne femme reprit assez de courage et de forces pour porter la main à la bouche.

Elle voulait dire, par là, qu'elle ne caressait pas d'autre désir que celui d'avoir toujours de quoi manger à sa suffisance, tout simplement.

L'apparition fit un signe qu'elle y consentait et remonta au ciel. Mais le lendemain matin on trouva l'excellente vieille munie d'une barbe de sapeur : la déesse n'avait pas compris le geste !

Il circule au sujet de la lune un certain nombre de fables poétiques. La plus originale de ces fables raconte que la déesse est la femme d'un célèbre archer du règne des Hau, nommé Haou-I. Il avait déjà abattu neuf soleils de ses terribles flèches ; au moment où il allait tirer le dixième, le seul qui nous reste, le dieu du soleil lui dit : « Faites-moi grâce de celui-ci, dont j'ai besoin pour éclairer le monde. En revanche, je vous remettrai la boisson magique qui vous donnera le pouvoir d'aller habiter dans ce soleil même ». Il indiqua également à l'archer le jour et l'heure auxquels il faudrait prendre la drogue enchantée.

Haou-I commit l'imprudence de confier le secret à sa femme, qui, ne voulant pas croire à son récit, essaya le remède ; immédiatement elle se sentit légère comme l'oiseau et s'envola dans la lune.

II. — LE JOUR DE L'AN.

Dès l'aurore, dont toutes les maisons saluent l'apparition par des détonations formidables de pétards, tous les fonctionnaires de la capitale se rendent au temple impérial pour présenter leurs félicitations au souverain en personne. Ce devoir accompli, ils vont rendre hommage successivement aux temples du ciel, du dieu de la littérature et du dieu de la guerre. Après quoi ils se font mutuellement des visites ; cet échange de cérémonies se prolonge pendant quatre ou cinq jours. Dans le public aussi on se fait des visites dès le premier jour de l'année.

Lorsqu'on arrive chez ses parents, il faut d'abord saluer les tablettes représentant les ancêtres. Si les visiteurs sont nouvellement mariés, on leur offre, outre le thé et les gâteaux, un sac rempli d'oranges et de pépins de pastèques, les uns et les autres signifiant que l'on souhaite beaucoup d'enfants au jeune ménage.

Tous les jours ce sont des festins que les familles s'offrent les unes aux autres et qui fournissent l'occasion de se livrer à des jeux de toute espèce. En même temps on distribue des pourboires aux domestiques de ses parents et amis ; aux enfants on offre un lingot d'argent ou une pièce de monnaie blanche enveloppée dans du papier rouge, ou encore un certain nombre de sapèques (monnaie qui équivaut à nos sous) enfilées dans un cordon rouge; c'est ce qu'on appelle la monnaie porte-bonheur.

Beaucoup de familles font maigre le jour de l'an. Cette coutume provient, dit-on, du fait suivant:

Les gens de Hang-Tang avaient offert au jour de l'an un pigeon à un certain philosophe; ce der-

Le dieu de la littérature.

nier, après avoir accepté le présent, relâcha l'oiseau en disant : « Tous les êtres doivent vivre heureux en ce grand jour ».

Les superstitions, comme d'habitude en Chine, ne font pas défaut. Pour les pétards, par exemple, qu'on croit destinés seulement à amuser par leur détonation et à inviter aux joies bruyantes, il paraît qu'il y a encore autre chose: ils font peur aux mauvais esprits

qui n'oseraient jamais frapper aux portes derrière
lesquelles se produisent ces terribles explosions.

Ce n'est pas tout : beaucoup de gens dessinent un
charme sur leur porte ou y peignent soit un coq,
soit deux gardiens, que l'on croit capables d'avaler
tout cru le démon qui se permettrait de manifester
sa présence.

Un astronome a déclaré que, à l'aurore du jour de
l'an, le vent qui souffle vous fait présager la situation
atmosphérique de l'année nouvelle et bien autre
chose encore : le vent du sud signifie sécheresse
générale, celui du sud-ouest sécheresse partielle,
celui de l'ouest la guerre, celui du nord-ouest la
bonne récolte, celui du Nord récolte moyenne, celui
du nord-est année pacifique, de l'est des inondations, du sud-est des épidémies.

De même que le premier vent qui souffle, le premier mot qu'on écrit le jour de l'an donne son caractère, bon ou mauvais, à l'année entière ; aussi, pour
plus de sûreté, on commence toujours ses lettres
par un mot comme bonheur, richesse, félicité, etc.

III. — LA FÊTE DU PRINTEMPS.

Les Chinois ont une fête qui ressemble beaucoup à
notre bœuf gras. Au commencement du printemps
s'organise dans chaque ville une véritable procession :
en tête figurent le préfet, les sous-préfets et tous les
membres de leurs administrations, tous en uniforme
de gala, chacun tenant à la main une branche de
fleurs artificielles représentant la pivoine, la fleur
du printemps. Ils vont sur leurs chaises à porteurs
découvertes, protégées par des parasols, escortés

par la musique et les soldats ; sur des tablettes figurent tous leurs titres et les services qu'ils ont rendus.

A la suite du cortège officiel, on promène un énorme bœuf dont la carcasse en terre est couverte de papiers multicolores, chaque couleur figurant un événement atmosphérique, beau temps, pluie, sécheresse, etc.

Après cette statue vient un vrai bœuf, tout garni de rubans, sur lequel est placé une statuette, image de l'année qui s'ouvre, et dont tout l'habillement indique le temps qu'il fera: si les pieds sont chaussés de souliers, c'est que l'année sera sèche; de sabots, elle sera pluvieuse. Un sabot à un pied, un soulier à l'autre, signifient que l'année sera tempérée.

Tout ce cortège se dirige vers le temple du dieu de l'agriculture, où ont lieu les sacrifices ; on tue le bœuf et on en distribue la chair aux assistants.

IV. — LA FÊTE DES LANTERNES.

A la fête du nouvel an succède bien vite celle des lanternes. Cela fait, avec la fête du jour de l'an, tout un mois de congé pendant lequel toutes les affaires administratives sont suspendues.

Ce qui donne à cette fête son originalité et son nom, c'est l'emploi qu'on y fait, en quantités incroyables, de lanternes de toutes sortes que les Chinois se plaisent à construire avec un luxe de formes prodigieux. C'est aussi que tout l'Empire est illuminé et qu'il faut autre chose que les maigres lampions que l'on voit chez nous.

Pour acquérir une idée plus exacte du caractère

de ces illuminations, figurez-vous nos bazars de
jouets, à la Noël, tout remplis de lanternes trans-
parentes : chevaux, moutons, lions, éléphants, soldats, cavaliers, parasols, fleurs, hommes grotesques,
animaux fantastiques, etc., telles sont les formes
nombreuses que l'on donne aux lanternes. Tantôt
elles sont simples, tantôt à double compartiment,
et tournent alors sous l'action de l'air chaud qui fait
passer devant les yeux les sujets découpés collés
sur la lanterne.

Sur les places publiques on promène, aux sons de
la musique, une gigantesque lanterne représentant
un dragon : elle se compose d'une carcasse d'osier
recouverte d'étoffe transparente, à articulations en
étoffe peinte d'écailles de dragon. On peut faire
arrêter cette procession devant sa maison, ou la
faire entrer dans sa cour, quand on veut se donner
le luxe d'une représentation à domicile. Dans ce cas,
il faut tirer des pétards pour faire comprendre aux
porteurs qu'ils ont à s'arrêter. Cette représentation
consiste simplement à faire voltiger le dragon sous
toutes les formes. On offre alors aux musiciens
et aux porteurs des gâteaux et du vin, mais jamais
d'argent, car la procession est toujours formée par
des gens du meilleur monde, qui se constituent en
société pour leur plaisir.

Dans presque toutes les rues on voit une grande
lanterne sur laquelle on a écrit des charades, des
énigmes, des devinettes, proposées à la sagacité
des passants ; ceux qui sont assez ingénieux pour
trouver une solution reçoivent une récompense en
papier à lettre, pinceaux, encre, bonbons, etc.

Il y a, bien entendu, des réunions de famille, des

festins, etc., tandis que dans les rues, sur les places
les plaisirs de la foule joyeuse se prolongent jusqu'au matin.

Les enfants ne sont pas oubliés dans ces fêtes :
on découpe pour eux des fruits, des oranges surtout ;
les enfants y placent un bout de bougie et promènent
leurs petites lanternes improvisées, sculptées de
mille manières. On voit donc que cette fête des lanternes est beaucoup plus brillante que notre re-
traite aux flambeaux.

III

CONTES CHINOIS.

L'AMBITIEUX CORRIGÉ.

Le licencié Lion, de Fou-Kien, vivait au quinzième
siècle. Il venait de passer avec succès ses examens, et,
dans l'enivrement de sa récente victoire, il se pro-
menait fièrement, un peu partout, avec ceux de ses
camarades reçus en même temps, pour faire montre de son triomphe. Il apprit que le couvent de Pi-
Lou venait de recevoir la visite d'un phrénologue
distingué (un phrénologue est celui qui prétend deviner les facultés intellectuelles de quelqu'un et
parfois même son avenir par une simple inspection
du crâne). Lion s'y rendit, pour demander si sa phy-
sionomie le prédestinait à arriver un jour aux
grandes dignités de l'État.

Il se présenta devant le sage dans une attitude de
suffisance incomparable ; son visage ne respirait

que vanité, et il agitait son éventail avec affectation,
ce qui contribuait encore à ajouter à ses airs d'in-
fatuation.

Le phrénologue l'examina, lui dit toutes sortes
de choses flatteuses et finit par lui promettre vingt
ans d'un ministère pacifique.

Enchanté de ces prédictions, le jeune fat sentit
grandir encore son orgueil, déjà démesuré. La pluie
vint à tomber, et toute la bande se réfugia dans une
grande pièce du couvent.

Un vieux bonze y était assis sur un tabouret de
paille : absorbé dans une méditation profonde, il ne
s'aperçut même pas de l'entrée bruyante de la
petite troupe et resta immobile, les yeux fermés.

Lien reçut alors les félicitations de ses camarades
qui l'appelaient déjà « M. le Ministre ». Il accepta ces
hommages avec bienveillance et prit son rôle si
bien au sérieux qu'il se mit à distribuer des emplois
à tous ceux qui l'entouraient, et jusqu'aux domestiques du couvent.

La pluie persistante empêchait les jeunes gens de
sortir. Lien se trouva fatigué et s'assoupit un instant
dans un fauteuil. Tout à coup, il vit deux envoyés
de l'Empereur, un décret à la main, se présenter
devant lui, en l'invitant à se rendre au palais, auprès
de Sa Majesté, qui désirait l'entretenir d'une question politique de haute importance. Il suivit en toute
hâte les messagers, qui ne se lassaient pas de lui
donner le titre de « Président du Conseil ». À la cour,
le souverain vint au-devant de lui et écouta ses con-
seils dans une attitude de soumission admirable. Il
décréta aussitôt que tous les fonctionnaires d'un
rang inférieur au troisième grade se mettraient sous

les ordres immédiats de Lion ; pour reconduire le ministre, il décida qu'on le revêtirait du costume de gala de son rang et qu'on le ferait monter sur un cheval de la plus belle race et richement caparaçonné.

Après avoir remercié l'Empereur, Lion se dirigea immédiatement vers sa demeure, qui était devenue un palais splendide. A peine écartait-il ses moustaches pour appeler quelqu'un, que cent voix empressées lui répondaient, de tous côtés à la fois, avec un bruit de tonnerre.

Tous les fonctionnaires de passage dans la capitale lui offraient un souvenir de leur voyage, consistant généralement en produits rares des divers pays; les quémandeurs de protection, les solliciteurs de places ne cessaient de remplir ses immenses salons. Sortait-il : tout le monde s'inclinait devant lui. Il daignait répondre par un léger salut à ceux qui avaient le grade de sous-secrétaire d'Etat : quant aux autres, un signe de sa tête était considéré par eux comme un honneur sans prix. Il était tous les jours grisé d'honneurs et enivré de plaisirs.

Au milieu de ces occupations multiples et de ces félicités sans nombre, il trouva pourtant assez de temps et assez de cœur pour se souvenir d'un vieil ami qui l'avait obligé autrefois, à cette époque, déjà lointaine, où il n'était encore qu'un pauvre étudiant. Il résolut de pourvoir ce pauvre homme d'une bonne situation et le proposa au choix de Sa Majesté, qui, le lendemain même, éleva son protégé à un poste important.

Mais, s'il sut se rappeler ses amis, il n'oublia pas ses ennemis. Il fit dégrader par les concours, ses partisans, un fonctionnaire qu'il détestait. Des méchants qui avaient comploté contre sa vie tentèrent de l'assassiner au sortir de son palais. Il échappa heureusement aux coups de ces scélérats et les fit exécuter immédiatement.

En un mot, tous les désirs de son cœur se réalisaient en un clin d'œil et toute son existence s'écoulait dans un bonheur parfait, dont aucune opposition ne venait interrompre le cours.

Beaucoup de courtisans le critiquaient tout bas, mais sa position était telle que personne n'eût osé le blâmer publiquement. Le président de la censure impériale, Pao, indigné de voir tant d'injustices consommées avec impunité par ce ministre, se décida enfin à présenter à l'Empereur une requête, ainsi conçue :

« Le ministre d'Etat Lien n'est qu'un vulgaire mortel, né dans une basse condition. Par une réponse faite à propos, il a su plaire à Votre Majesté, qui le comble de ses faveurs, non seulement lui personnellement, mais encore ses ascendants et descendants.

« Au lieu d'épuiser ses efforts pour montrer sa reconnaissance, en rendant au gouvernement quelques légers services, il profite de son rang pour donner satisfaction à ses désirs personnels, pour avancer ou dégrader les gens, non selon leurs mérites, mais suivant son affection ou ses rancunes. C'est lui qui distribue les places lucratives ! C'est à lui que tous les dignitaires de la cour obéissent, plus même qu'au souverain ! Si quelque homme de mérite réunit les suffrages de ses compatriotes, il se voit tenu à l'écart ou même envoyé en exil. Tout cela décourage les bons citoyens et affaiblit le prestige de l'Empire.

« De plus, Lion pressure les populations ; il est le maître de leurs biens, dont il dispose à son gré. Le peuple est écrasé sous un ciel sans soleil.

« Ses domestiques même sont reçus et flattés partout. Lorsque ses lettres de recommandation arrivent, il n'y a plus de justice. Sans compter encore les mauvais traitements infligés aux passants par les gens de son cortège, sur le chemin de Son Excellence. Enfin traverse-t-il un endroit, le gazon même en est rasé !

« Quant à lui, il reçoit toujours de Votre Majesté des faveurs de plus en plus grandes, sans qu'il les mérite aucunement. Aussitôt son retour, la musique bruyante se fait entendre dans son palais. Il se livre uniquement aux plaisirs ; les intérêts de l'État et ceux de la nation ne rentrent pas dans le cadre de ses préoccupations.

« Jamais l'histoire ne nous a montré un semblable homme d'État. Si Votre Majesté ne prend pas une mesure efficace pour éloigner cet homme, la révolution ne sera pas longue à éclater. Après avoir bien réfléchi, je ne puis plus dissimuler un fait qui est à la connaissance de tous. J'aime mieux déplaire à Votre Majesté que de la tromper. Je demande donc la tête du coupable et la saisie de tous ses biens, afin de donner satisfaction au peuple irrité. Si l'enquête qu'ordonnera Votre Majesté démontre la fausseté de mon accusation, je la prie de m'appliquer la même peine. »

Lorsque Lion eut connaissance de cette requête, il sentit comme une douche glacée lui tomber sur la tête, tant il était troublé. Mais l'Empereur, par égard pour lui, ne donna pas suite à la plainte de Pao.

Peu de temps après, la même plainte s'éleva de tous côtés. Elle provenait même des partisans du ministre et de ses protégés. Alors l'Empereur fut impuissant à soutenir plus longtemps son favori et dut ordonner son exil et la saisie de ses biens.

Lien vit entrer, après communication de ce décret, une brigade de soldats qui, les armes à la main, venaient le prendre pour l'escorter en exil, lui et sa famille. En route pour l'exil, il supplia les gardiens de le laisser reposer un instant. Une bande de brigands fit soudainement irruption ; ils dirent qu'ils venaient, en qualité d'anciens opprimés, prendre la tête de Lien, leur ennemi. L'ex-ministre, dépourvu de tout moyen de défense, fut saisi et massacré.

Immédiatement il sentit que son âme, les mains liées derrière le dos, était conduite par deux revenants à une ville lointaine et introduite au palais, devant un magistrat d'une laideur épouvantable. C'était le juge des enfers, qui, le registre des bienfaits et des crimes devant lui, était en train de feuilleter ce grand-livre des morts. — C'est un criminel politique, s'écria-t-il en voyant Lien. Infidèle au souverain, oppresseur du peuple, il mérite l'application de la bouillotte d'huile.

Les employés de l'enfer répondirent par des rugissements semblables à un coup de tonnerre ; ils saisirent l'âme et la plongèrent dans une marmite haute de sept pieds et tout entourée de flammes. Malgré ses cris navrants, personne ne venait au secours de l'infortuné. L'huile bouillante, qui peu à peu lui rissolait la peau, finit même par pénétrer dans la bouche et jusque dans l'estomac. Il eût bien voulu mourir encore une fois, mais il ne le pouvait plus. Enfin un revenant le repêcha au moyen d'une fourche gigantesque et le conduisit de nouveau devant le juge.

Ce dernier, après l'avoir ironiquement complimenté de son courage, consulta le registre.

— Maintenant, dit-il, il vous faut aller sur la montagne des couteaux pour purger le crime que vous avez commis en vous livrant aux injustices.

On conduisit la pauvre âme au pied d'une montagne, qui n'était pas très large, mais en revanche très haute et toute semée de lames de couteaux, dressées drues et serrées comme de jeunes pousses de bambous. Il y avait déjà plusieurs âmes piquées sur les pointes, criant, pleurant et se débattant en vain.

Lien, à la vue de ce spectacle atroce, hésitait beaucoup à monter. Alors le revenant le saisit du bout d'une pique, le lança en l'air et le laissa retomber au milieu des faisceaux de pointes acérées qui hérissaient la montagne.

Après avoir éprouvé des douleurs indescriptibles, le malheureux vit s'élargir ses plaies ; il se détacha des armes pour se rouler par terre dans un horrible désespoir.

On le conduisit de nouveau devant le juge, qui lui dit cette fois avec bienveillance qu'il ne restait plus qu'une toute petite punition à subir : celle d'avaler l'argent qu'il avait malhonnêtement acquis, c'est-à-dire seize millions deux cent vingt-cinq mille francs seulement.

On vit alors une montagne de monnaies amassées dans la cour ; à mesure qu'un revenant fondait les pièces dans un chaudron, un autre faisait boire à l'âme coupable le métal en fusion au moyen d'une énorme cuillère de fer. Lien n'avait plus de peau dans la bouche, dans la gorge, ni dans l'estomac. Il regretta à ce moment d'avoir eu trop d'argent, lui qui ne trouvait jamais en avoir assez dans sa vie.

Quand ce supplice fut terminé, le juge ordonna de mettre l'âme dans une roue qui devait la transformer en folle.

A peine fut-il jeté dans le cylindre, que Lien se trouva petite fille, auprès d'un père et d'une mère en haillons, au milieu d'une chaumière délabrée.

Elle grandit auprès d'eux dans une vie de mendicité et de misères. A seize ans un ouvrier l'épousa et la maltraita ensuite. Un voisin qui en voulait à son mari entra un soir chez eux et assassina l'ouvrier : la femme ne dut son salut qu'à une fuite précipitée.

Lorsque l'assassinat fut connu, on accusa la femme d'avoir fait assassiner son mari. La condamnation fut prononcée. Ne pouvant pas prouver son innocence, la malheureuse se mit à sangloter, à pleurer, enfin à pousser des cris terribles.

— Lien !... Lien !... Vous avez donc le cauchemar ! firent les camarades du licencié en le secouant sur le fauteuil où il dormait depuis un quart d'heure. Allons, réveillez-vous, nous avons tous faim !

Le jeune homme ouvrit les yeux, et vit devant lui le bonze, toujours dans la même posture, qui lui dit avec un sourire ironique :

— Voilà Monsieur le Président du Conseil !

Très étonné de ces paroles, et sérieusement remué par son rêve, Lien demanda au prêtre de lui enseigner la voie à suivre désormais.

— Soyez vertueux et humain, dit le bonze ; vous

verrez alors que le lotus poussera, même au milieu des flammes !

Lien, très découragé, rentra chez lui dépourvu de toute vanité et de toute ambition. Il disparut peu de temps après, sans qu'on sût ce qu'il était devenu.

———

IV

L'ARMÉE CHINOISE.

Les Chinois ont atteint bien avant nous un degré de civilisation assez élevé, mais ils se sont depuis de longs siècles contentés des progrès réalisés, tandis que les nations européennes ne cessaient de progresser et laissaient bien loin derrière elles les civilisations de l'Orient. Ce fait est très frappant en ce qui concerne la stratégie, ou l'art de commander les armées. Qu'un peuple se déclare satisfait de sa condition politique et sociale, ou du moins, s'il ne la trouve pas parfaite, l'accepte avec résignation et n'en cherche pas une meilleure, cela se comprend chez une nation en général dépourvue d'initiative et résignée d'avance aux malheurs qui peuvent survenir, comme l'est la nation chinoise. Mais il semblerait que l'art de la guerre dût progresser même chez un peuple aussi conservateur, et justement il n'en est rien.

Les deux auteurs militaires qui jouissent encore aujourd'hui de la plus grande autorité sont Sun-tsze et Wu-tsze. Le premier a composé ses ouvrages au sixième siècle de notre ère et le second au quatrième siècle. Wu-tzse a été général d'un prince de cette époque. On demande aux examens militaires la connaissance des ouvrages de ces deux auteurs.

Pendant longtemps il semble qu'il n'y ait pas ou de grands auteurs militaires dont la Chine ait gardé le souvenir. Le plus récent que nous trouvions ensuite est écrit en 1621, un ouvrage intitulé Wu-pei-chi, ce qui veut dire « De l'armement militaire ». Ce livre jouit d'une telle réputation que la dynastie actuellement régnante a interdit à tout particulier de posséder cet ouvrage, ou plutôt cette série d'ouvrages. L'œuvre se compose en effet de 240 livres qui renferment tout ce que les Chinois comprennent sous le nom d'art militaire. Nous trouvons d'abord 78 livres qui contiennent des ouvrages d'une antiquité reculée sur la tactique militaire, 33 qui donnent des extraits de ces ouvrages, 41 qui traitent de la discipline et des exercices militaires, 53 qui parlent du matériel de guerre et du service des transports ainsi que de la défense des côtes, et enfin 95 qui traitent de la divination ou art de prédire l'avenir, appliquée aux événements militaires. Cette dernière partie est naturellement enfantine et compose cependant une grande partie de l'ouvrage tout entier.

Les autres volumes contiennent des enseignements qui sont peut-être un peu vagues, mais en eux-mêmes sont justes et nous font avoir une meilleure opinion des auteurs militaires chinois. Voici, par exemple, ce qui est dit dans le second chapitre qui traite du commencement d'une campagne :

« Quand l'armée est entièrement prête et quand on a en abondance des munitions, des vivres et de l'argent, le mieux qu'un général puisse faire est de

marcher droit sur l'ennemi : dans ce cas, se battre
équivaut à remporter la victoire. S'il s'agit de s'emparer d'une ville, il faut tourner contre elle toutes
ses forces et pousser activement les travaux du siége.
Une campagne qui se traine en longueur dévore les

Général chinois.

vivres et l'argent, décourage l'armée et provoque le
mécontentement dans son propre pays, car, pour
remplir le Trésor devenu vide, il faut que le prince
fasse rentrer les impôts avec une grande sévérité,
et la misère se répand dans les villes et les campagnes.

« Un général doit posséder cinq qualités : il doit savoir quand il faut se battre et quand il faut refuser la bataille ; il doit profiter de la supériorité du nombre et tirer également parti de son infériorité numérique ; il doit être aussi bon envers les soldats qu'envers les chefs ; il doit savoir profiter de toutes les circonstances, prévues ou inattendues ; il doit être sûr que son souverain approuvera tout ce qu'il entreprend. S'il possède ces qualités, il peut toujours être sûr de la victoire. »

Malheureusement pour les Chinois, toutes ces belles théories ont bien rarement été appliquées par leurs généraux. Il est même bien permis de supposer qu'ils ont eu rarement un général de quelque valeur, car le général encore le plus populaire parmi eux à l'heure actuelle est un certain Kung-Ming qui est né en l'an 181 après Jésus-Christ. La vie et les exploits de ce Kung-Ming sont très curieux ; ils ont été racontés par presque tous les poètes chinois, et bien des chefs chinois étudient encore aujourd'hui sa tactique, qui n'est pas, en réalité, celle d'un vrai général, mais celle d'un aventurier intelligent et audacieux, faisant surtout une guerre de ruses et de surprises. La carrière de Kung-Ming a naturellement été fertile en exploits qui ont peut-être été un peu embellis par les historiens chinois, mais dont nous allons raconter les plus intéressants.

Kung-Ming vivait dans l'obscurité et dans la pauvreté, pratiquant le métier d'astronome et fort estimé pour sa science par ceux qui l'entouraient, lorsque l'Empereur Liu-Pei le fit général et l'envoya combattre Tsao-tsao.

Kung-Ming s'approche de la flotte de Tsao-tsao, mais il n'a pas de flèches pour lancer sur l'ennemi. Il fait alors habiller en soldats des mannequins qu'il place sur le pont de ses vaisseaux et il remonte le fleuve pour aller à la rencontre de l'ennemi. Un brouillard épais que Kung-Ming avait prévu en sa qualité d'astronome commence à tomber. Kung-Ming fait alors frapper sur les gongs, instruments en cuivre qui font un bruit terrible, et épouvante ainsi l'ennemi qui, croyant qu'on vient l'attaquer, tire précipitamment un grand nombre de flèches contre les mannequins de Kung-Ming, mais n'ose pas s'avancer, à cause du brouillard, car il craint de tomber dans une embuscade. Au bout d'une heure, Kung-Ming se retire et fait recueillir les flèches plantées dans les mannequins. Il s'en procura ainsi plus de cent mille.

Mais ce n'était pas tout. Il s'agissait maintenant de détruire la flotte ennemie. Kung-Ming envoie un de ses officiers qui se donne pour déserteur et conseille à Tsao-tsao d'attacher solidement ses vaisseaux les uns aux autres et de les relier par des poutres formant une sorte de plancher sur lequel ses soldats puissent combattre comme sur la terre ferme. En effet, les soldats de Tsao-tsao venaient des provinces du Centre ; ils n'avaient jamais été sur mer et ils souffraient du mal de mer. Tsao-tsao suit en effet ce conseil et Kung-Ming envoie alors un autre officier qui se donne également comme déserteur et met le feu à toute cette masse de bois flottante. Les vaisseaux de Tsao-tsao sont brûlés, la plus grande partie de ses soldats est anéantie, et lui-même n'échappe qu'à grand'peine à la mort.

Une autre fois Kung-Ming est surpris par son adversaire Sze-Mai n'ayant avec lui qu'un petit nombre de soldats. Tout le monde considère Kung-Ming comme perdu, mais lui ne se décourage pas un instant. Il ordonne d'ouvrir au large les deux portes de la ville qui sont situées du côté de l'ennemi, puis il fait déguiser une vingtaine de ses soldats en civils et leur ordonne de balayer tranquillement devant les portes, d'arroser les rues voisines avec de l'eau et de ne manifester aucune crainte à l'approche de l'ennemi, mais au contraire de lui faire des signes, l'invitant à entrer dans la ville. Kung-Ming lui-même, accompagné de deux enfants, dont l'un tient une épée et l'autre un éventail, s'assied sur les murs de la ville, allume un encensoir et joue du luth. Les troupes avancées de l'ennemi, voyant ce singulier spectacle, n'osent pas entrer. Elles s'arrêtent et vont avertir Sze-Mai, qui arrive au galop et s'arrête au pied de la muraille. Kung-Ming ne se trouble pas et continue à jouer du luth. Sze-Mai, s'imaginant que tout ceci cache quelque embuscade, n'ose pas entrer dans la ville et s'éloigne en toute hâte.

Le récit de la mort de Kung-Ming est des plus curieux :

Kung-Ming était campé avec son armée en face de Sze-Mai, qui, ayant déjà été battu dans un premier engagement, ne se souciait pas d'accepter la bataille une seconde fois. Mais Kung-Ming, se sentant très malade, désirait au contraire qu'un combat décisif fût livré au plus vite, et il chercha à le faire accepter par Sze-Mai par le moyen suivant :

Il lui envoya par un messager des habits de femme et lui écrivit que, bien qu'il fût un grand général et disposât d'une forte armée, il semblait cependant préférer cacher ses armes et rester comme une femme à la maison. C'est pourquoi Kung-Ming lui envoyait des habits de femme, afin qu'il pût les revêtir s'il ne voulait vraiment pas se battre. Mais s'il était véritablement un homme et voulait échapper à la honte et au ridicule, qu'il fixât le jour auquel les deux armées devaient se rencontrer.

Mais Sze-Mai ne se laissa pas émouvoir par ces railleries, refusa de nouveau la bataille et se contenta de s'informer de l'état de santé de Kung-Ming. Celui-ci, plein de soucis, sortit le soir de sa tente et vit que son étoile ne brillait pas comme à l'ordinaire ; il sentit que le terme de sa vie approchait. Mais sachant bien que de sa vie dépendait le salut de l'Empire, il fit tout ce qu'il était en son pouvoir pour la prolonger. Il fit appeler le général en qui il avait le plus confiance et lui ordonna de choisir quarante-neuf jeunes soldats, de les habiller en noir et de les placer, un drapeau noir à la main, autour de sa tente. Lui, pendant ce temps, voulait prier l'étoile polaire, qu'il considérait comme l'étoile de vie, et si sa propre étoile ne cessait de briller pendant les sept jours qui allaient suivre, c'est qu'il avait encore douze ans à vivre. Là-dessus Kung-Ming disposa une table pour les sacrifices et y plaça quarante-six lampes allumées de grandeurs différentes. Puis il fit la prière suivante :

« J'ai vécu en des temps où la rébellion allait éclater de toutes parts ; l'Empereur, dans sa grâce, a demandé trois fois mes services et est venu pour cela me trouver en personne. Par reconnaissance pour cette faveur et pour la confiance qu'il avait en moi on me

confiant le soin de son successeur demeuré orphelin,
je ne me suis pas consacré exclusivement à son service et j'ai conservé encore quelque vigueur pour
anéantir les ennemis de ma patrie, comme j'en ai fait
le vœu. Mais je ne savais pas, hélas ! que l'étoile
de ma vie s'approchait de son déclin et que le terme
de mon existence était si proche. Prosterné sur le
sol, je supplie le ciel de prolonger ma vie, afin que je
puisse récompenser mon maître de sa confiance et
sauver le peuple de sa perte. C'est pour cela que je
demande cette faveur, et non pas pour moi-même. »

Kung-Ming pria ainsi pendant six jours, et l'étoile
de sa destinée commençait à briller d'une lumière
plus vive, lorsque, le sixième jour, Wei-Yen, un
des chefs secondaires de l'armée, un traître et un
perfide, se précipita dans la tente en s'écriant que
Sze-Maï s'avançait pour attaquer, et, en entrant, il
fait exprès de renverser la lampe qui représentait
l'étoile de Kung-Ming. La lampe s'éteint et Kung-
Ming s'écrie en soupirant : « Ma vie et ma mort sont
dans les mains du destin. Que mes prières ont été
vaines ! » Wei-Yen se jette alors à genoux devant
Kung-Ming et lui demande pardon de ce qu'il a fait,
accidentellement, prétend-il. Les gardes veulent le
tuer, mais Kung-Ming les en empêche et leur dit
que ce n'a pas été la faute de Wei-Yen, mais celle de
son propre destin, et que cela devait arriver ainsi. Là-
dessus il tombe en faiblesse et ses serviteurs le
transportent sur un lit de repos où il revient à lui et
donne à ses généraux les ordres nécessaires pour
la direction de l'armée après sa mort. Il remet le
commandement de l'armée au général Chiang-Wei
et ordonne que l'on fabrique une statue en bois le

représentant, lui, Kung-Ming, afin que si une bataille était livrée après sa mort, cette statue soit conduite en tête de l'armée. Les ennemis le croiraient
encore vivant et prendraient certainement la fuite.
Il donna aussi des instructions relatives au traitement
qu'il fallait faire subir à Wei-Yen. Il prévit que Wei-
Yen se soulèverait, et c'est en effet ce qui arriva après
la mort de Kung-Ming; mais comme Wei-Yen se van-
tait, en passant devant le front de ses troupes, d'avoir
causé la mort de Kung-Ming, un officier qui avait
été posté là conformément aux instructions données
par Kung-Ming en mourant le tua d'un coup de
sabre. Quant à son enterrement, Kung-Ming donna
dans un but particulier, comme on le verra plus loin,
les instructions suivantes au général Chiang-Wei :
« Quand je serai mort, vous m'élèverez un temple
et dans l'intérieur vous placerez une statuette en argile me représentant. Dans cette statuette se trouvera
un petit livre que voici. Devant la statuette vous
enterrerez un gros aimant que vous recouvrirez
de briques peu épaisses. »

Ces ordres furent exécutés à la lettre. Peu de temps
après que le monument eut été achevé, les soldats de
Sze-Mai le découvrirent et se hâtèrent d'aller faire
part à leur général de cette découverte et de lui
parler de la statue de Kung-Ming qu'ils y avaient
trouvée. Sze-Mai se rend dans ce temple, moitié par
curiosité, moitié par estime pour son adversaire, et
il fait une prière à genoux devant la statue. Mais,
quand il veut se relever, il découvre, à son grand
effroi, qu'il est comme attaché au sol (il portait assurément une cuirasse de fer sur laquelle l'aimant
agissait) et il ne peut se relever qu'à grand'peine.

Plein de colère, il crie à la statue : « Vraiment, Kung-Ming, tu m'as haï pendant toute ta vie, et lorsque je viens ici dans de bonnes intentions, afin de te témoigner mon respect, ton esprit ose encore se railler de moi ! » Là-dessus, il ordonne de détruire la statue. Les soldats exécutent cet ordre et trouvent à l'intérieur le petit livre en or qu'ils apportent à leur général. Celui-ci l'ouvre avidement, croyant y trouver l'explication des talents de Kung-Ming comme magicien, et il trouve son nom écrit sur la première page. Cela excite encore davantage sa curiosité, mais comme les feuillets étaient presque collés l'un à l'autre, il est obligé de mouiller son doigt pour mieux les tourner. Comme le livre contenait cent feuillets sur lesquels il ne trouve du reste que son nom d'inscrit, il porte donc cent fois ses doigts à sa bouche. Mais bientôt le poison qui avait servi à coller ensemble les feuillets produit son effet, et Sze-Mai s'aperçoit trop tard que son impatience de connaître le contenu du livre va causer sa mort. Il meurt en effet presque aussitôt, et c'est ainsi que, même après sa mort, Kung-Ming sut se venger du plus puissant de ses ennemis.

Les enseignements donnés par Kung-Ming n'ont pas été perdus, et les Chinois ont répété ses stratagèmes dans plusieurs circonstances.

La ville de Koua-Tchaou fut assiégée en 730 après Jésus-Christ par les Tartares et elle n'était défendue que par une petite garnison qui commençait à perdre courage. Le commandant de la place invita ses officiers à un festin, et le bruit terrible que firent les musiques au cours de ce festin arriva jusqu'aux oreilles des ennemis, qui, voyant que les Chinois

avaient une telle assurance, pensèrent que la garnison était en mesure de leur résister et se hâtèrent
de lever le siège.

Un autre stratagème, déjà employé par Kung-
Ming, fut répété par le général Tsao-Pin, en l'an 974
de notre ère. Ce général fit jeter un pont sur le fleuve
Yang-Tsé pour attaquer l'ennemi qui était campé sur
la rive opposée, et, lorsque tous les préparatifs
furent faits, il réunit tous les chefs qui étaient sous
ses ordres et leur fit jurer de ne tuer, dans la bataille
qui allait se livrer, que les ennemis qui leur résis-
teraient. Les ennemis, apprenant cela, se rendirent
aussitôt.

La Chine a été en 1891 en guerre avec le Japon.
Les Japonais ont triomphé très facilement de leurs
ennemis et se sont emparés, entre autres places,
d'un port très important appelé Port-Arthur. Un jour-
naliste chinois usa à ce propos d'une ruse également
employée par Kung-Ming. Il déclara que
le commandant de la place avait préféré livrer entre
les mains des Japonais la forteresse qui lui avait
été confiée plutôt que de forcer ceux-ci par une résistance énergique à abandonner le siège et à marcher
sur Pékin, qui à ce moment n'était pas encore suffisamment en état de défense. Les Chinois ne demandèrent qu'à le croire et leur amour-propre n'eut pas
à souffrir de la prise de cette ville.

Nous avons vu plus haut que Kung-Ming avait eu
à combattre un adversaire qui s'appelait Tsao-Tsao.
Les historiens chinois rapportent au sujet dudit Tsao-
Tsao l'histoire suivante, amusante en elle-même,
mais curieuse pour les Européens à un autre point
de vue. Un écrivain français du commencement de ce

siècle, Paul-Louis Courier, a raconté presque exactement la même histoire, qui lui est arrivée dans la
Calabre, province de l'Italie, et cependant on est absolument certain que Paul-Louis Courier n'avait pas lu
les historiens chinois, qui, du reste, à ce moment,
étaient à peu près complètement inconnus en Europe.

« Tsao-Tsao, après avoir perdu une bataille, chercha son salut dans la fuite et, accompagné seulement
d'un fidèle ami, il arriva dans la maison d'un
parent éloigné, par lequel il fut reçu très cordiale-
ment. Quelque temps après, le maître de la maison
quitte la chambre où était Tsao-Tsao, afin, dit-il,
d'aller chercher du bon vin. Tandis que Tsao-Tsao et
son compagnon attendent le retour de leur hôte, ils
entendent dans la cuisine, qui était attenante, quelqu'un qui aiguise un couteau et qui dit : « Nous
allons d'abord l'attacher, puis nous le tuerons ». Ils
reconnaissent la voix de leur hôte et, pensant qu'il
veut les trahir, ils se précipitent dans la cuisine et
tuent les gens qu'ils y trouvent. Ils visitent ensuite
la maison et y trouvent un porc tout attaché et
prêt à être tué. C'est du porc que l'hôte voulait
parler, et non pas d'eux, et le malheureux dut la mort
à cette confusion. Tsao-Tsao et son compagnon se
hâtèrent de s'enfuir. »

L'histoire que notre compatriote raconte se termine d'une façon beaucoup moins tragique. Il était
du reste sans défense et ne put donc attaquer son
hôte qui, le croyant endormi, entrait dans sa chambre en prononçant à peu près les mêmes paroles. Il
reconnut bien vite son erreur et s'en amusa beaucoup
lorsqu'il fut revenu de la vive terreur qu'il avait
éprouvée pendant un moment.

Nous voyons donc, d'après ce que nous racontent les historiens d'autrefois, que les Chinois ont été un peuple brave et habile dans l'art de la guerre. Ces qualités ont subsisté tant qu'ils ont eu à se battre contre des ennemis venus du dehors ou contre

Officiers et soldats chinois.

des soulèvements d'une partie du peuple. Mais il arriva, au dix-septième siècle, que la Chine fut envahie par les Mandchous, venus de la province de Mandchourie, qui s'emparèrent du trône et l'ont conservé jusqu'à présent. Les Mandchous étaient beaucoup moins nombreux que les Chinois qu'ils avaient soumis, avec beaucoup de mal, du reste, et, pour n'être pas menacés sans cesse d'une révolte, ils s'appliquèrent à faire disparaître chez les vaincus tout

esprit militaire. Mais au bout d'un certain nombre
d'années, les vainqueurs, voyant qu'ils n'avaient
plus rien à craindre, se laissèrent aller à la mollesse
et devinrent d'aussi médiocres soldats que ceux
qu'ils avaient soumis.

Certains empereurs s'en inquiétèrent, et l'un d'eux
publia un édit qui est appelé l'édit sacré et qui contient les préceptes suivants :

Aimez et honorez vos parents.

Aimez et honorez vos frères et sœurs aînés.

Soyez conciliants avec tout le monde.

Instruisez vos enfants et vos frères plus jeunes

Consacrez tous vos soins à l'agriculture.

Perfectionnez-vous dans l'art de tirer de l'arc à
pied et à cheval.

Soyez économes.

Abstenez-vous de boissons enivrantes.

Evitez le jeu.

Evitez toutes les querelles et disputes.

Parmi les dispositions que renferme cet édit, il
en est une qui nous semble un peu étonnante,
s'adressant à des soldats : « Consacrez tous vos soins
à l'agriculture ». En effet, un grand nombre de soldats mandchous étaient établis dans les environs
de Pékin et on leur avait distribué des terrains pour
qu'ils pussent vivre sans rien coûter au gouvernement.

Ce qui est également très curieux, c'est que la
disposition prescrivant de s'exercer au tir de l'arc, et
qui date du commencement du siècle dernier, est
encore observée maintenant. Les inspections que
l'on fait passer aux troupes tous les ans portent
principalement sur l'habileté des soldats au tir de

l'arc. Cependant on a réussi à faire accomplir par les troupes quelques exercices de tir à la cible avec des armes à feu, mais jusqu'à présent cela n'a pas donné grands résultats, et les inspections dont ces tirs sont l'objet ne sont pas suffisamment sérieuses.

Il ne faudrait pas croire que les Chinois manquent tous de courage. Le Chinois est en général lâche, et si l'on prend un air énergique, on en impose facilement à un assez grand nombre de Chinois. Si les Chinois ne se battent pas pour la plupart avec grand courage, ce n'est pas qu'ils craignent la mort, car ils ne la redoutent aucunement et parfois même ils se suicident pour des motifs qui nous semblent ridicules, mais s'ils n'attachent pas grande importance à la vie, ils en attachent encore moins à l'existence de leur patrie. Ils manquent presque tous de patriotisme et naturellement ils ne cherchent, étant dans ces dispositions, qu'à veiller avant tout à leur propre sécurité. Mais, comme nous le disions en commençant, il y a un certain nombre d'exceptions et les difficultés que nos troupes ont rencontrées à plusieurs reprises au moment de la conquête du Tonkin l'ont suffisamment prouvé.

On a eu des exemples frappants également du courage dont les Chinois peuvent faire preuve, lors de la première guerre que la Chine a eu à soutenir contre une puissance européenne, la guerre avec l'Angleterre qui eut lieu en 1841-42. Hâtons-nous de dire que les Chinois avaient parfaitement raison dans cette guerre. Un édit de l'Empereur avait interdit d'importer en Chine de l'opium. L'opium, dont nous reparlerons ailleurs, est une substance très agréable à fumer parce qu'elle donne des rêves délicieux,

mais qui ne tarde pas à abêtir les fumeurs et les
fait mourir au bout de peu de temps. L'opium vient
des Indes, qui sont une possession anglaise, et la
vente de l'opium aux Chinois rapporte de fortes sommes au gouvernement anglais, qui se voyait privé
par cet édit de ses bénéfices. Il déclara donc la
guerre à la Chine pour la forcer à laisser introduire
l'opium chez elle, et dans cette guerre un certain
nombre de Chinois firent preuve d'un réel courage.

La ville de Chin-Kiang fut prise après une vive
résistance et les Anglais firent prisonniers, un certain
nombre de mandarins, mais pas pour bien longtemps,
car ceux-ci ou bien se tuèrent ou bien se laissèrent
mourir en refusant de prendre aucune nourriture.
On a vu sur les murs de Chin-Kiang un mandarin
conduire au combat une troupe d'environ trente
soldats contre la colonne d'attaque ennemie : une
salve de coups de feu ayant dispersé ses soldats, le
mandarin resta seul ; mais il s'avança alors presque
devant la pointe des baïonnettes, déchargea son fusil
sur un soldat, puis, saisissant deux grenadiers, il
se précipita avec eux en bas du parapet, où ils tom-
bèrent morts tous les trois.

On pourrait citer un certain nombre d'exemples
de ce genre, mais ils sont isolés, et le soldat chinois est mauvais soldat non seulement, comme nous
l'avons dit, parce qu'il n'a pas le sentiment patrio-
tique fort développé, mais aussi parce qu'il manque
de chefs, d'organisation, d'armes et de munitions.
Voici quelques exemples de l'ignorance et de la né-
gligence des fonctionnaires qui dirigent l'armée :

On avait fabriqué à Tien-Tsin de la poudre, mais
on la mit dans des bidons de pétrole que l'on bou-

cha avec une feuille de papier collée sur l'ouverture,
parce qu'on déclara qu'il serait trop cher d'acheter
les réservoirs en fer dont on se sert d'ordinaire pour
renfermer la poudre.

Le gouvernement avait acheté des fusils, mais,
au lieu de les distribuer aux troupes, il les fit embal-
ler et transporter comme bagages d'arrière-garde,
pour qu'ils fussent distribués aux soldats la veille
de la bataille, afin, dit-il, que les soldats ne les abî-
ment pas avant de combattre en les manœuvrant
mal.

Les soldats n'existent bien souvent que sur le
papier. Le commandant du régiment reçoit la solde
d'un certain nombre de soldats, mais il n'en a en
réalité qu'un nombre inférieur à celui qu'il a déclaré
et il met la différence dans sa poche. Souvent
aussi il se sert des soldats pour labourer ses champs,
et les chevaux destinés à la cavalerie ou à l'artillerie traînent paisiblement la charrue.

Il faudrait donc, pour que les Chinois deviennent
des soldats redoutables, qu'ils sachent se soumettre
à une discipline sévère qui leur serait imposée et
que le gouvernement fasse des dépenses sérieuses
pour organiser une armée. On a vu, pendant la guerre
entre la Chine et le Japon, combien l'organisation
militaire de la Chine était mauvaise. Les Chinois
ont fait assurément des progrès depuis et les
troubles qui ont nécessité l'envoi de troupes européennes en 1900 nous ont montré qu'ils commen-
çaient à se munir d'armes perfectionnées, mais ils
s'en servent en général assez mal et surtout ils
manquent de chefs et de discipline. Il n'est pas à
souhaiter pour l'Europe que les Chinois deviennent

une puissance militaire importante, car, vu le chiffre considérable de leur population (de 300 à 400
millions d'habitants), ils constitueraient, dans l'avenir, un sérieux danger.

V

PÉKIN.

Pour se rendre à Pékin, il faut aller par mer dans
le golfe du Petchili, jusqu'à l'embouchure d'un fleuve
qui s'appelle le Peï-Ho. Les navires jettent l'ancre à
plusieurs milles de l'embouchure pour attendre,
au milieu d'une mer toute jaunie de la boue que
charrie le fleuve, le moment où la marée permettra
de franchir la barre. Presque tous les ports de la
Chine sont ainsi faits, on ne peut y pénétrer que
pendant quelques heures au voisinage de la pleine
mer. La côte est si basse que c'est à peine si on
l'aperçoit, et, lorsqu'on entre enfin dans le fleuve,
on aperçoit une ville qui s'appelle Takou et qui
est désormais célèbre, comme ayant servi de base
d'opérations aux troupes européennes, dans leur
récente campagne contre les Boxers. A un endroit
qui s'appelle Tang-Kou le fleuve cesse d'être navi-
gable, et c'est là que commence le chemin de fer
qui nous conduit jusqu'à Pékin.

Sur la route se trouve la ville de Tien-Tsin, qui
était occupée par les rebelles chinois et dont les troupes européennes ont réussi à s'emparer, non sans un
combat assez long. Tien-Tsin est une ville impor-

tante qui a près d'un million d'habitants et dont le commerce est très considérable. A part cela, elle n'offre pas pour l'étranger un très grand intérêt.

Avant que le chemin de fer ne fût construit, c'est-à-dire jusqu'en 1897, il était très difficile ou du moins très pénible de se rendre de Tang-Kou à Pékin. On allait de Tan-Kou à Tien-Tsin par bateau, mais très lentement, car le fleuve, le Peï-Ho, tantôt n'a pas une profondeur d'eau assez grande, tantôt a beaucoup trop d'eau au contraire, et le courant devient difficile à remonter, tantôt est couvert de brouillards, ce qui ralentit beaucoup la marche des navires. Enfin on arrivait tout de même à Tien-Tsin, mais là il s'agissait de se rendre à Pékin, et il y a encore 127 kilomètres entre ces deux villes.

Il vous semblera qu'il était bien facile d'y aller en voiture en suivant la route. Oui, mais pendant une partie de l'été il pleut continuellement dans le nord de la Chine, et le pays, qui est très plat, se trouve recouvert d'eau. Pendant la saison sèche, du moins, on n'avait pas cet inconvénient. Oui, mais il fallait alors se servir des voitures chinoises qui n'ont pas de ressorts et sont traînées par deux mulets. On était si affreusement secoué dans ces voitures que l'on était à moitié mort en arrivant à Pékin.

On aurait pu y aller à cheval pendant la bonne saison. Oui, mais pour faire, et seulement avec l'arrêt nécessaire pour les relais, 127 kilomètres à cheval, c'est très dur pour ceux qui ne sont pas d'excellents cavaliers, ce qui n'est pas le cas de tout le monde.

On avait essayé aussi d'y aller dans une litière

portée par deux mules, mais les secousses que l'on ressentait continuellement finissaient infailliblement par donner au voyageur un véritable mal de mer.

On voit donc qu'il n'était pas si facile que cela de se rendre à Pékin. Quel moyen choisissait-on ? On y allait en bateau de petites dimensions et on prenait le plus souvent la route à travers champs, bien entendu, pendant la saison des pluies. On aurait pu assurément suivre le fleuve, mais le courant est très fort à ce moment, comme nous l'avons dit, et la plaine est recouverte d'une couche d'eau assez profonde pour permettre à un bateau de flotter. Ce moyen de locomotion était loin cependant d'être parfait, car le bateau s'échouait assez souvent sur des éminences que l'eau avait dissimulées ; il fallait alors que les Chinois poussent le bateau jusqu'à ce qu'il fût de nouveau à flot. On se sert pour naviguer de tous les moyens possibles : tantôt de la voile, tantôt de la rame, tantôt de perches, lorsque l'eau n'est pas bien profonde.

Cette plaine recouverte d'eau fait naturellement une impression assez triste. On n'aperçoit que des villages, situés assez haut pour que les inondations ne les atteignent pas, et il semblerait que ce soit là un des pays le plus pauvres du monde. Mais quelque temps après, lorsque les eaux se sont retirées, on est d'un avis tout différent. La plaine est en effet couverte de maïs, de blé, de millet, de haricots, de pommes de terre, de légumes de toutes sortes.

Maintenant on a moins de mal et l'on se contente de prendre à Tang-Kou le chemin de fer qui vous mène en trois heures à la gare de Pékin, laquelle est située à 1500 mètres en dehors de la ville. Il ne faut pas

se faire de cette gare l'idée d'une de nos gares françaises. Ce n'est jusqu'à présent qu'une station pro-
visoire, construite simplement en planches et en
tôle galvanisée. En arrivant à la gare, on ne voit encore à peu près rien de Pékin, dont on est cependant
très rapproché.

Il semble que les Chinois aient voulu que, même en
prenant le chemin de fer, on n'échappe pas à leurs
affreuses voitures, car, pour franchir ces quinze cents
mètres, il faut se servir d'une charrette chinoise. Mais,
me direz-vous, on pourrait bien faire à pied cette
distance qui n'est pas bien grande. C'est tout à fait
impossible, parce que la route est pleine de boue et
d'ornières tellement profondes qu'on n'en sortirait
que dans un état pitoyable. On prend donc place
dans cette voiture abritée d'une bâche bleue et
munie de deux grandes roues aux jantes énormes,
recouvertes de fer et garnies d'un cercle de clous.
Elle est traînée par deux mules. Le voyageur se glisse
sous la partie recouverte par la bâche, mais il n'a
pas assez de place pour s'étendre et il est forcé de
rester assis, les jambes allongées. Aussitôt en
marche, il est projeté dans tous les sens contre le
bois de la voiture ; il ressent des cahots continuels
et craint toujours de tomber dans la boue profonde
qu'il voit autour de lui ; mais heureusement ces voitures sont solides et l'on finit par arriver devant une
haute muraille crénelée, précédée d'un fossé boueux
aux trois quarts comblé. On tourne enfin sur un pont,
et après avoir franchi deux enceintes, on est dans la
ville de Pékin.

La ville est entourée d'immenses murailles qui
sont larges d'environ douze mètres et sur lesquelles

on va très souvent se promener. On y parvient au moyen de larges rampes. C'est la promenade favorite des étrangers, car là du moins ils sont soustraits à la poussière, à la boue et à toutes les mauvaises odeurs de la ville. Du haut de ces murs on a une très belle vue. On découvre en effet les toits, non pas beaucoup des maisons, mais du palais impérial et des principaux temples, qui sont recouverts de tuiles jaunes, bleues et vertes. Ces tuiles brillent au soleil d'un éclat si vif qu'on est tenté d'excuser le mensonge commis par certains auteurs chinois qui ont raconté que ces temples étaient recouverts d'or.

Tout le reste de la ville ressemble à une forêt, car les maisons sont petites et dépassées par les arbres, dont il se trouve un au moins dans chaque cour. De la rue on n'a pas ce spectacle, parce que les rues sont étroites, mais du haut des murs on jouit de la vue de toute cette verdure.

Du haut des murs on découvre donc plusieurs temples, dont l'accès est d'ailleurs interdit aux étrangers.

L'histoire de la cloche d'un de ces temples est assez curieuse. Il fut construit en 1578 par l'Empereur Young-Lo et il renferme une des cinq grandes cloches que cet Empereur fit fondre. Cette cloche a 18 pieds de haut et 10 pieds de largeur aux bords. Ce temple est un sanctuaire dans lequel les princes et les hauts fonctionnaires de la cour viennent prier dans les années de grande sécheresse, pour obtenir qu'il pleuve. Cette cloche pèse 120.000 livres, et l'on raconte à son sujet l'histoire suivante :

Le fondeur ne réussit pas du premier coup, ni même du second coup, à fondre la cloche. L'Empereur,

Temple chinois.

furieux, lui déclara que s'il ne réussissait pas la troisième fois, il aurait la tête tranchée. Le fondeur se
remit à l'œuvre, mais la troisième fois encore le
métal ne coulait pas comme il aurait fallu, et le malheureux fondeur se voyait déjà sur le point d'être
mis à mort, lorsque sa fille se précipita dans la masse
en fusion, afin d'apaiser par sa mort les dieux irrités.
Son père, épouvanté, se précipita pour l'empêcher,
mais il était trop tard et il ne lui resta dans la main
que le soulier de sa fille. La cloche réussit très bien,
mais la légende raconte que, quand elle sonne, le
son qu'elle produit est celui du mot Hsieh, qui veut
dire « soulier ». Ce serait l'âme de la jeune folle qui
réclamerait le soulier qu'elle a perdu.

Du haut des murs on découvre encore ce que l'on
appelle la « montagne du charbon », qui est située au
milieu de la partie de Pékin appelée la ville impériale.
Cette montagne serait, dit-on, tout entière composée
de charbon qui aurait été amassé en cet endroit pour
le cas où la ville serait assiégée ; mais c'est très
probablement là une simple légende. Au pied de cette
colline se trouve un arbre aux branches duquel s'est
pendu un empereur nommé Tsoung-Cheng, après
avoir tué sa femme et ses enfants pour qu'ils ne
tombent pas entre les mains des ennemis qui étaient
précisément les Mandchous, qui sont montés sur le
trône à ce moment et ont conservé le pouvoir jusqu'à présent. La légende raconte que l'ennemi de
Tsoung-Cheng, et le premier empereur de la nouvelle
dynastie, ordonna d'attacher cet arbre avec des
chaînes, et le peuple est convaincu que si jamais ces
chaînes étaient enlevées, la dynastie actuelle serait
sur le point d'être renversée.

Il y a un autre arbre auquel on attribue un don analogue. C'est un noyer situé dans un temple qui est environ à cinquante kilomètres de Pékin et qui a été planté la première année de l'avènement de la dynastie mandchoue. Cet arbre a près de deux mètres de diamètre, et de son pied, dit la légende, sort une nouvelle branche chaque fois qu'un nouvel Empereur monte sur le trône. Cette branche croît et verdoie tant que l'Empereur est en bonne santé ; mais s'il tombe malade et vient à mourir, elle dépérit et meurt elle aussi. Si l'arbre tout entier venait à mourir, c'est que la fin de la dynastie serait proche.

La ville elle-même est divisée en quatre parties distinctes. D'abord la ville violette ou réservée, dans laquelle n'entrent pas les étrangers, et qui est longue de près d'une lieue : elle contient les palais entourés de jardins où vivent l'Empereur et l'Impératrice impériale, entourés d'une foule de domestiques et de parasites. Les seuls Européens qui soient autorisés à y entrer sont les représentants des puissances étrangères, de la France, l'Allemagne, l'Angleterre, la Russie, etc., qui sont reçus en audience par l'Empereur le jour de leur arrivée, le jour de leur départ, et au jour de l'an.

Autour de la ville violette s'étend la ville impériale aux murs peints en rose, entourée elle-même par la ville tartare, qui a une longueur d'environ 6700 mètres. Ses gigantesques murailles ont quinze mètres de haut et autant de largeur au sommet ; leurs faces extérieures sont deux forts murs de briques portés par des soubassements de pierre ; l'intérieur est rempli de terre battue ; le sommet, recouvert de dalles, forme un chemin bordé de hauts parapets en

Une rue à Pékin.

pierre, mais la hauteur de ces murs ne dépasse pas 99 mètres, parce que les Chinois croient que les bons esprits ne peuvent voler plus haut que 100 mètres.

Au sud de la ville tartare s'étend la ville chinoise, qui est la partie la plus commerçante de Pékin. Cette ville est traversée par une grande rue qui est de beaucoup la plus animée de Pékin et qui offre un spectacle très intéressant.

Sur les deux côtés de la rue, il y a des boutiques dont l'enseigne est le plus souvent presque entièrement effacée. En outre, dans la rue elle-même, il y a quantité de boutiques en plein vent où l'on vend toutes sortes de choses. On y voit surtout des marchands en habits qui mettent devant la porte un gamin ayant sur les bras de vieux habits dont il crie aux passants le prix et les qualités. Il y a également des cuisines en plein vent qui ont beaucoup de clients, mais dont les plats n'ont pas l'air très appétissants. Certains clients ne font que boire une tasse de thé ou prendre un verre d'eau-de-vie en fumant leur pipe (les pipes chinoises sont très courtes). Plus loin on trouve les bouchers qui ornent de guirlandes, tout comme chez nous, la viande qu'ils exposent. Ailleurs c'est un jongleur qui se sert pour ses tours d'une chèvre et d'un chien. On voit aussi des gens qui racontent en plein vent des histoires, assis sur un petit tabouret au milieu de leur auditoire. Ils racontent des légendes, des récits de batailles, comme la vie du fameux Kung-Ming, que l'on trouvera plus haut dans ce livre, et, quand ils sont arrivés au moment de leur histoire le plus intéressant, moment qu'ils annoncent en frappant fortement deux morceaux de bois l'un contre l'autre, ils s'arrêtent, et se mettent à boire tranquillement une tasse de thé, tandis qu'un petit garçon fait la quête dans l'assistance. Le public, désireux de connaître la suite de l'histoire, se montre naturellement généreux.

On rencontre dans l'espace laissé libre par les boutiques la foule variée des piétons: des hommes à longue tresse en robe ou en blouse bleu clair, des Chinoises aux cheveux ramenés en arrière en queue de pie, que l'on voit marcher péniblement sur les pointes de leurs pieds mutilés, en étendant de temps en temps les bras pour ne pas perdre l'équilibre, et des femmes tartares dont la coiffure élargie sur le côté est rehaussée d'une grosse fleur, mais dont le visage est recouvert d'une épaisse couche de fard blanc et rose. Du moins les femmes tartares n'ont pas les pieds mutilés et peuvent marcher aisément. Mais la plupart des Chinoises vont en voiture et sont alors accompagnées de deux serviteurs à cheval. Lorsqu'elles n'ont pas de voiture qui leur appartienne en propre, elles en louent une ; mais c'est là une chose qu'il ne faut faire qu'à la dernière extrémité. On trouve en effet à chaque coin de rue des voitures de louage, mais si vous vous arrêtez et laissez voir que vous avez l'intention d'en prendre une, les cochers se précipitent tous sur vous et vous tiraillent de tous les côtés, afin que vous leur donniez la préférence. Ils vont même parfois jusqu'à battre leurs concurrents pour les forcer à s'éloigner.

On voit parfois dans les rues des scènes singulières. Un voyageur vit un jour une jeune Chinoise, appartenant manifestement à la haute société chinoise, accompagnée d'une voiture particulière et de deux suivantes, se jeter à plat ventre sur le sol, tou-

cher de son front la terre, se relever, puis se mettre
à l'endroit où son front avait touché la terre, pour re-
commencer la même cérémonie. Il apprit que cette
Chinoise avait fait le vœu d'aller visiter de cette façon plusieurs temples de la ville, si ses parents, qui
avaient été atteints d'une maladie grave, venaient à
guérir. Les Chinois qui passaient dans la rue ne firent
du reste aucune attention à ce spectacle, qui d'ailleurs
n'avait pour eux rien de très étonnant, car ce vœu
est assez fréquent.

Il y a même des vœux plus singuliers. Non loin de
Pékin se trouve un lieu de pèlerinage que l'on appelle
Miaofong-shan, où se dresse un rocher d'environ
vingt mètres de haut. Il arrive souvent que des Chinois se précipitent du haut de ce rocher et naturellement se tuent net en tombant, parce qu'ils en ont
fait le vœu.

En somme, les rues principales de Pékin sont très
animées et même trop. Pour éviter d'être bousculé,
il faut en effet se réfugier parfois dans les boutiques
ouvertes sur la rue de toute leur largeur, au fond
desquelles les marchands fument paisiblement leur
longue pipe derrière le comptoir et causent avec les
clients en leur montrant les marchandises.

Une promenade dans les rues de Pékin n'est d'ailleurs pas bien agréable, et cela pour une autre raison. Dès qu'il a plu, il y a dans les rues une couche
de boue de deux pieds de profondeur; lorsqu'il fait
sec, cette boue se transforme en une poussière épaisse,
soulevée souvent en tourbillons par un violent vent
du nord. Les côtés, toujours plus bas que le centre,
sont en grande partie occupés par des mares à l'eau
verdâtre et croupissante, où pourrissent, en exha-

lant une odeur infecte, des détritus variés, des cadavres d'animaux, etc. On a peine à s'expliquer que
les habitants de Pékin n'aient pas encore tous été
enlevés par une épidémie provoquée par cette affreuse malpropreté. Les Européens ont des maisons
grandes et spacieuses, d'où ils sortent assez rarement
et où ils sont organisés de façon à ne pas trop se
ressentir des mauvaises odeurs de la ville. Ceux
d'entre eux qui ne sont pas absolument obligés de
rester à Pékin s'en vont dans les montagnes, assez
hautes, qui sont à six heures environ de la ville, où
il fait frais et où l'on peut rester jusqu'à la fin d'oc-
tobre. Mais dans la ville elle-même l'existence est
insupportable à partir de la fin de juin, à cause des
fortes chaleurs, tandis que l'hiver y est sain et agréable, car il pleut très rarement en hiver.

Mais, me direz-vous, comment se fait-il que les rues
soient en si mauvais état? Personne ne s'en occupe
donc?

Si les rues et les égouts sont ainsi abandonnés à
eux-mêmes, si les murs peuvent s'écrouler sans être
réparés, c'est que les fonctionnaires chinois mettent
généralement dans leur poche l'argent destiné aux
travaux d'amélioration. Tout cela ne change un peu
que lorsque l'Empereur sort par exception de son
palais pour se rendre à quelque résidence d'été, ou
aller sacrifier à un temple. On fait alors la toilette de
la partie de la ville qu'il doit parcourir, pour lui donner l'illusion que sa capitale est bien tenue. Dans les
rues où passera le cortège, on comble sommairement
les fondrières, on jette du sable sur le sol, on fait
disparaître certaines petites boutiques qui encom-
brent et rétrécissent la rue principale, on peint en

blanc une partie du rempart, mais seulement jusqu'à la hauteur où l'Empereur, de sa chaise à porteurs, peut atteindre du regard. Puis, une fois l'Empereur rentré, toutes ces réparations, qui ne sont pas faites d'une façon durable, ne subsistent bientôt plus, et la ville est aussi sale qu'auparavant.

C'est ainsi que Pékin, qui a dû être autrefois une magnifique capitale, diminue de plus en plus, bien qu'il compte encore aujourd'hui de 700 à 800,000 habitants, et quantité de maisons y tombent en ruine, faute d'entretien.

VI

UNE JOURNÉE DE L'EMPEREUR.

L'Empereur actuel étant trop jeune pour régner en fait, l'emploi du temps que nous allons décrire est celui du précédent Empereur. Il suffit de raconter la façon dont les Empereurs de Chine passent une journée, car ils les passent toutes d'une manière absolument identique, sauf de bien rares exceptions, qui d'ailleurs sont toutes prévues par la loi.

De grand matin, à l'heure fixée, le chef des domestiques paraît, une clepsydre à la main, pour éveiller l'Empereur. (Une clepsydre est un instrument en verre composé de deux boules d'égale grosseur reliées par un tube en verre très fin. L'une de ces boules est remplie d'une certaine quantité de sable, et l'on sait le temps que met ce sable à passer par le tube pour tomber ensuite dans la boule inférieure.

Dès que celle-ci est remplie,on retourne l'instrument,
et ainsi de suite.Avant quelesmontres et horloges ne
fussent connues, on se servait de clepsydres pour
savoir l'heure.) L'Empereur s'habille, boit du thé,
puis, vers quatre heures et demie, entre dans son
cabinet. Son valet lui apporte les mémoires remis
par les autorités supérieures de Pékin aux mandarins
de service ou les rapports envoyés de province par
les gouverneurs et les généraux. Le prince lit tous
ces papiers. La décision sur les moins importants
est marquée à l'instant par un pli dans un des coins
ou par un trait fait à l'ongle. Ces signes servent de
guides aux membres du conseil de cabinet, et ils
écrivent en conséquence,à l'encre rouge, au nom de
l'Empereur, la décision prise.

Ensuite l'Empereur fait appeler les personnes auxquelles il désire parler d'affaires.

Au point du jour, il va dans la salle du trône, afin
de donner audience aux mandarins qui ont obtenu
des emplois ou qui ont été congédiés. Les grandes
salles du palais n'ont pas d'antichambres ; elles sont
exposées au midi ; le milieu est occupé par de larges
portes à deux battants, qui restent ouvertes tant que
le monarque est présent. Le trône est auprès du mur
qui fait face. Des deux côtés se tiennent les mandarins du jour. Les personnes présentes se mettent
à genoux, le visage tourné vers le trône, et lorsque
l'Empereur s'y asseoit,elles doivent, au signal donné
par le maître des cérémonies, faire les trois pros-
ternations d'usage, répétées trois fois. Ensuite chacun lit un extrait succinct de sa vie. Lesmandarins
militaires sont obligés de plus, pour prouver leurs
mérites, de tirer à la cible avec leur arc et cinq flèches.

Quelquefois l'Empereur adresse aux personnes
présentes des questions sur divers sujets, et ses de-
mandes, ainsi que leurs réponses, sont répétées à
haute voix par les gardes du corps. Quant aux grands
personnages, ou à ceux qui sont particulièrement
connus de lui, l'Empereur les appelle auprès du

La salle du trône.

trône et s'entretient directement avec eux. Ces au-
diences ont lieu, sans distinction, pour les mandarins
nouvellement en place, afin qu'ils puissent adresser
à l'Empereur leurs remerciements pour la grâce
qu'ils ont reçue, et pour ceux qui sont congédiés, afin
qu'ils montrent qu'ils reconnaissent la justice de la
décision de l'Empereur et qu'ils n'en ressentent aucun mécontentement.

Cette cérémonie est terminée à sept heures du

matin. Alors l'Empereur sort de la salle du trône et va dans les appartements de derrière, où il se tient ordinairement ; c'est là qu'on lui sert son dîner.

La table du monarque est couverte de mets que la loi prescrit et que la saison comporte. Aussi n'y voit-on jamais des plantes potagères hâtives ni des fruits de serre chaude. L'Empereur envoie le reste de ses plats aux mandarins de service ; mais le goût du prince déterminant son menu, les plats qu'il aime sont les seuls qui soient accommodés avec soin. Les autres plats ne sont préparés qu'à moitié. C'est pourquoi les mandarins qui ont part à cette distribution se dépêchent de faire les trois génuflexions, les trois prosternements, et abandonnent les plats à leurs domestiques.

Après le repas, l'Empereur fait la sieste ou s'occupe d'affaires domestiques.

Les principaux mandarins des différents ministères se tiennent souvent, le jour et la nuit, dans le voisinage de son cabinet, afin de donner, s'il est nécessaire, les éclaircissements demandés sur ce qui concerne leur département. Pour que l'Empereur puisse savoir quels sont les mandarins de service, chacun doit, en entrant, remettre au chef des domestiques une petite tablette contenant son nom et ses fonctions. Ces tablettes sont enfermées chacune dans les bureaux respectifs des administrations, et on ne les rend aux mandarins en fonction que pour le temps où ils sont de service. Afin de maintenir l'ordre, chaque administration a un jour et une heure fixés pour présenter ses requêtes.

Vers le soir, l'Empereur se repose au milieu de sa famille. Il se promène dans le jardin ou bien prend part à la réunion de famille de sa femme, sur la table de laquelle il voit servir des mets que, relativement à la saison, la loi interdit à sa personne impériale.

Après le coucher du soleil, il se livre au repos, qui pour lui, en printemps et en été, n'est pas sans interruption. Souvent il s'éveille pendant la nuit, il demande au serviteur de garde de quel côté le vent souffle et si l'on aperçoit des nuages. Il pose ces questions pour savoir s'il va pleuvoir, car la sécheresse, dans un pays aussi peuplé que la Chine, peut entraîner la famine et la misère.

Les journées se passent toutes semblables, à l'exception des fêtes, qui ne sont pas nombreuses. Le repos le plus long a lieu à l'époque du nouvel an. Les fêtes commencent dix jours avant la nouvelle année et durent en tout trente jours. Elles commencent par la clôture de toute administration, ce qui arrête le cours des affaires ordinaires.

L'anniversaire de la naissance de l'Empereur est fêté à la cour pendant sept jours par des repas et des représentations théâtrales. Ce sont les grands jours de joie de l'Empereur. Ces représentations théâtrales mettent sous ses yeux une foule de pièces nouvelles composées pour la circonstance, et ceux dont les pièces plaisent à l'Empereur ont bien des chances de devenir ses favoris. Les mandarins les plus considérables sont invités à ces fêtes tour à tour, aux repas et aux représentations théâtrales, d'après l'ordre exprès de l'Empereur. Selon l'usage, qui ne saurait faillir, même en ces circonstances, le monarque est seul à sa table. Les personnes invitées et admises mangent à des tables placées sur les côtés, d'où elles peuvent voir tout ce qui se passe.

Dès que l'Empereur annonce aux mandarins qu'il est malade, on établit aussitôt un conseil suprême pour la gestion des affaires, et des médecins sont amenés auprès de l'Empereur. Il se manifeste un mouvement extraordinaire parmi les grands de l'empire et il se forme des partis pour ou contre les héritiers présomptifs du trône, malgré la loi fondamentale qui existe à cet égard. En effet, le droit de choisir un héritier appartient au monarque seul. Cependant on ne respecte pas toujours ses dernières volontés. Les ambitieux profitent de la circonstance pour s'assurer la faveur d'un candidat qui a des chances d'arriver au pouvoir en lui prêtant leur appui. C'est pourquoi l'Empereur, qui n'ignore pas ce qui va se passer, cherche à cacher et à surmonter aussi longtemps qu'il lui est possible, non seulement de légères indispositions, mais aussi des maladies dangereuses.

A peine l'Empereur est-il mort, que les seize gouverneurs des provinces sont aussitôt avertis du nom de son successeur. Des courriers, qu'on appelle feima ou chevaux volants, sont expédiés du palais impérial à chaque vice-roi, de telle sorte qu'il n'y a jamais d'interruption dans le commandement.

D'après les lois, l'Empereur ne peut pas sortir du palais, parce que dans son enceinte il représente l'âme universelle du monde. En conséquence, il doit rester inébranlable dans son point central, afin de répandre de là son influence d'une manière uniforme. La visite du temple et des sépultures impériales, pour y présenter des offrandes, le voyage à Gy-Lo ou Zé-Holl, château de plaisance d'été, où il va à la chasse des bêtes fauves, sont les seuls déplacements que les lois lui permettent, et encore n'ont-ils lieu qu'à des époques fixées par un conseil spécial, et non pas lorsque cela plait au prince.

C'est ainsi que l'Empereur de Chine, que les Européens regardent comme le plus absolu de tous les souverains, est obligé de se soumettre constamment à une étiquette sévère.

———

VII

LE THÉATRE.

Après les jeux de hasard, le plus grand plaisir des Chinois est d'assister à des représentations théâtrales. C'est en particulier dans les villages, où l'existence est naturellement monotone, que le peuple aime avec passion le théâtre. Les occasions d'assister à une représentation s'offrent encore assez fréquemment, parce qu'il arrive souvent qu'une personne, gravement malade, fait le vœu de faire venir à ses frais une troupe de théâtre si elle guérit. Parfois c'est un village tout entier qui organise ces représentations pour remercier une divinité de l'heureuse récolte qu'elle lui a accordée ou de la pluie qu'elle a fait tomber à propos. Parfois encore, lorsque deux personnes ont une contestation, les plus anciens du village essayent de rétablir la concorde, leur représentent que si elles veulent s'engager dans un procès, elles se ruineront toutes les deux et qu'elles feraient beaucoup mieux de faire venir une troupe de théâtre, ce qui leur assurerait la reconnaissance de tous

leurs voisins. La plupart du temps, cette proposition
est accueillie favorablement par les intéressés. Il
suffit souvent que les finances de la ville ou du village soient prospères pour qu'on organise une représentation. Assurément les habitants feraient
souvent beaucoup mieux de consacrer la somme
qu'ils dépensent ainsi à des travaux publics ou à des
œuvres de bienfaisance, mais il ne saurait entrer
dans la tête d'un Chinois qu'il y ait quelque chose
de préférable à une représentation théâtrale.

Au moment du jour de l'an, il arrive fréquemment
qu'une même troupe d'acteurs est demandée par plusieurs villages à la fois. Dans ce cas, les acteurs
agissent de la façon suivante : ils se partagent en
deux troupes, et comme naturellement chaque troupe
est en nombre insuffisant, ils recrutent des amateurs
ou des acteurs d'occasion pour combler les vides,
pensant que les paysans devant qui ils vont jouer
ne s'apercevront pas de la médiocrité frappante
de certains acteurs. Parfois, en effet, tout se
passe le mieux du monde, mais parfois aussi les
paysans s'aperçoivent qu'ils ont été trompés sur la
qualité et le nombre des acteurs, et ils entrent alors
dans la plus grande colère. Le seul moyen de les
apaiser dans ce cas est de leur donner quelques représentations supplémentaires gratuites.

Dès qu'il est certain qu'une troupe va venir jouer
dans un villge, tout le monde ne parle plus que de
cela. On accourt de tous les villages environnants et
les écoliers se réjouissent, car ils pensent bien que
leur maître va leur donner congé pour leur permettre d'assister aux représentations. C'est ce que le
maître fait la plupart du temps, car lui-même brûle

d'envie d'y assister aussi ; et du reste il fait bien de
ne pas exiger que les élèves viennent en classe, car
ils s'abstiendraient tout simplement d'y venir, et le
maître se trouverait tout seul en présence des bancs
vides.

Les familles qui habitent le village reçoivent à ce
moment la visite intéressée de parents plus ou moins
éloignés qu'elles n'ont jamais invités à venir, mais qui
jugent pouvoir s'inviter eux-mêmes en cette circonstance et qui oublieront le plus facilement du monde
d'anciens différends, d'anciennes discussions, qui se
montreront même d'une platitude remarquable pour
avoir au moins quelqu'un chez qui loger.

C'est qu'en effet les Chinois ne sont pas très hos-
pitaliers, bien qu'ils veuillent se donner toutes les
apparences de l'hospitalité la plus cordiale. Si un
de leurs parents proches ou éloignés franchit le
seuil de leur maison, ils l'inviteront chaudement à
rester chez eux et à y coucher, mais en réalité ils
voudraient voir au diable l'intrus qui vient les déran-
ger. Aussi ne se rend-on d'ordinaire à leurs invi-
tations que lorsqu'on est parfaitement sûr qu'elles
ont été faites avec un sincère désir de recevoir l'invité. Mais lorsqu'une représentation est annoncée,
tous les scrupules et toutes les délicatesses dispa-
raissent, car personne ne voudrait manquer d'assister au spectacle. Il arrive parfois que les visites
sont si nombreuses qu'il n'y a véritablement plus
dans les maisons la place nécessaire pour loger les
nouveaux arrivants, et cependant les Chinois ne sont
pas bien exigeants en fait de confortable. Les hommes
sont souvent obligés de rester debout toute la nuit
et de tuer le temps en causant. Comme toute Chi-

noise qui voyage a soin d'emmener avec elle ses enfants, la maison est généralement mise au pillage
par ces bandes de gamins qui sont trop nombreux
pour être surveillés, et, comme les représentations
ont lieu trois et quatre jours de suite, on voit que
c'est un moment assez désagréable à passer pour
les habitants du village. Ce sont, d'autre part, des
frais assez considérables. Les Chinois sont, en général, très économes, et c'est avec une véritable douleur qu'ils voient diminuer à vue d'œil les provisions
de bois et de charbon qu'ils avaient faites pour une
année entière, car le bois en particulier est cher en
Chine presque partout. On a calculé que les frais
occasionnés par ces convives étaient dix fois plus
élevés que ceux qui résultaient pour les habitants
de la représentation elle-même.

Mais ce n'est pas encore tout. Toute troupe qui se
déplace est accompagnée d'une bande de voleurs qui
profitent du désarroi général pour dérober tout ce
qui leur tombe sous la main. Aussi le maître de maison, non content d'avoir à s'occuper de tous ses convives, doit-il encore faire attention à ce qu'on ne lui
vole rien. Au milieu de toutes ces préoccupations,
il arrive souvent qu'il n'a pas le temps d'assister au
spectacle. C'est ce qui se produit pour les gens aisés
ou riches en particulier. Il est arrivé à plusieurs reprises qu'après une représentation assez longue on
ne trouve plus dans tout le village une seule volaille,
car toutes les maisons ont été dévalisées.

Ces spectacles exercent, il va de soi, une grande
influence sur un peuple aussi avide de théâtre, et il
y a là parfois un véritable danger. Des religieuses
françaises ont été assassinées à Tien-Tsin en 1870, et

ces scènes de tuerie sauvage ont été souvent mises sur la scène et représentées dans des théâtres populaires. Il est fort possible que des représentations de ce genre contribuent à surexciter chez les Chinois l'esprit de fanatisme et ne soient pas étrangères aux meurtres qui ont été commis lors des derniers troubles. Jusqu'ici les étrangers ont fait assez peu attention à ces spectacles et à l'influence qu'ils pouvaient exercer ; mais il est probable que les dures leçons qu'ils ont reçues récemment porteront leurs fruits et qu'ils seront désormais un peu plus vigilants.

Naturellement ces théâtres sont organisés d'une façon très simple. Il n'y a pas des décors aussi riches et compliqués que chez nous, il s'en faut de beaucoup ; c'est même généralement l'imagination très vive du public qui fait les frais de la décoration, laquelle consiste simplement en quelques poteaux munis d'écriteaux indiquant au spectateur qu'il doit se figurer à tel endroit une forêt, à tel autre une prairie ou une terrasse.

Les troupes jouent dans les villes sur les places publiques ou sont invitées à jouer chez des mandarins ou de riches personnages qui invitent à cette occasion tous leurs amis, auxquels ils offrent d'abord un banquet.

Un certain nombre de pièces chinoises, et des plus remarquables, traitent entièrement, ou en partie, des sujets qui ont été traités, beaucoup plus tard, par des auteurs français. Nous allons raconter le sujet de deux de ces pièces.

VIII

PIÈCES CHINOISES.

L'HISTOIRE D'UN AVARE.

Cette pièce, une des plus intéressantes du théâtre chinois, et qui date du quatorzième siècle, traite un sujet que nous retrouvons dans les œuvres de Molière, notre plus grand auteur comique. Elle nous dépeint tout ce que l'avarice a de honteux, et l'auteur chinois, pour mieux insister sur l'intention morale qui le guidait, a donné à sa pièce comme titre, non pas exactement « l'Avare », mais « l'Esclave des richesses qu'il garde ». On trouvera dans cette pièce un personnage qui vend son petit enfant. Cette action, absolument condamnable, s'explique, sans s'excuser, par l'affreuse misère qui règne en Chine dans certaines régions.

Dans un prologue, Tchéou-Yong, simple bachelier, s'entretient avec sa femme de son projet d'aller dans la capitale prendre part au concours ouvert à tous les lettrés ; il veut obtenir un grade supérieur, et, au moyen du grade, un emploi qui le mette en état de réparer le tort que son père a fait à leur patrimoine. Sa femme lui montre leur jeune enfant et lui demande s'il ne juge pas convenable que le fils ne soit pas séparé de son père. Le bachelier accède à l'humble prière de sa femme, il enfouit tout l'or qu'il possède pour le retrouver à son retour. La famille part, plus riche d'espérances que d'argent.

Acteur « faisant sa tête ».

Le commencement du premier acte nous transporte dans les régions célestes ; le dieu du temple de la montagne sacrée, Ling, vient déclarer ses noms et qualités et faire connaître la liste de ses ancêtres. C'est un dieu qui n'est pas exempt, comme on le voit, d'un peu de vanité, mais d'ailleurs honnête et consciencieux : « Les dieux dit-il, ne se laissent pas gagner par l'encens et les offrandes des méchants. » Ce propos lui est venu à l'esprit à l'occasion d'un certain garnement, nommé Kou-Jin, qui se présente tous les jours dans le temple en se moquant des mortels et des immortels, et ne cessant d'importuner le dieu par ses prières. Il se présentera sans doute encore aujourd'hui.

En effet, nous voici descendus des demeures divines sur la terre, dans le temple de Ling. Kou-Jin y était déjà. Il maudit son sort : sans bien, sans industrie aucune, il est réduit à servir les maçons et à leur porter l'eau et l'argile. Quelle est sa misère ! Il n'a même pas de quoi acheter un peu d'encens ; il offrira au dieu des boulettes de terre. Si le dieu lui accordait un peu de bien, il entretiendrait des religieux à ses frais, il ferait l'aumône aux pauvres, il bâtirait des pagodes (temples), il réparerait les ponts et les chemins, il prendrait soin des orphelins, il soulagerait les veuves et les vieillards infirmes. Vraiment le genre humain atteindrait la perfection si l'on était toujours ce qu'on promet d'être quand on désire obtenir quelque chose. Pendant ces beaux discours, notre solliciteur se sent défaillir de lassitude et s'endort.

Ling lui apparaît en songe et lui apprend que le succès de ses vœux dépend uniquement du

dieu du Bonheur ; on envoie quérir le dieu. Le
dieu lui reproche ses impiétés envers ses parents,
sa dureté envers les autres hommes. Il fut riche autrefois, dans sa vie précédente, mais les infortunés ne
reçurent de lui que des injures et des mauvais traitements. Kou-Jin tâche de se justifier et de désarmer
le courroux du dieu ; enfin, après un long colloque
qui contient de graves sentences d'un style très élevé
contre les extravagances des riches et les mœurs
sordides des avares, le dieu du Bonheur, plutôt
vaincu que persuadé, fait comme beaucoup d'hommes :
il accorde à l'importunité ce qui devrait appartenir
au mérite. Quelle joie ! mais la libéralité des dieux
ne convertit pas le méchant. Toutes les belles promes-
ses qu'il leur faisait tout à l'heure pour les amadouer
sont évanouies. Il n'a dans la pensée que beaux habits, brillants équipages, plaisirs et festins.

Les dieux se retirent, le songe fuit, et Kou-Jin,
éveillé, ne peut en croire sa vision. Il va, en attendant qu'elle se réalise, achever son pan de muraille
commencé.

Dans l'intervalle du premier au deuxième acte, la
métamorphose s'est opérée. Nous voyons un appar-
tement qui annonce l'opulence, et le personnage qui
s'y trouve nous apprend qu'il se nomme Tchin, qu'il
est le commis du maître de la maison, que cet homme,
jadis valet des maçons, se trouva tout à coup posses-
seur d'une grande fortune, on ne sait pas comment,
qu'il se désole de n'avoir pas d'enfant et qu'il a
chargé Tchin de lui en acheter un.

La scène change. Le marchand de vin ouvre sa
boutique ; il fait confidence au public qu'il a chez lui
cent tonneaux, dont quatre-vingt-dix contiennent

quelque chose de plus semblable à du vinaigre qu'à
du vin. Il amuse ainsi quelque temps les spectateurs
à ses dépens; mais au fond c'est un meilleur homme
qu'il ne veut le paraître. S'il empoisonne ses prati-
ques, il est charitable envers les pauvres pour l'a-
mour des dieux.

Arrive un malheureux voyageur qui se traîne avec
sa femme et son fils, transi, exténué de faim et de fa-
tigue. Ce voyageur, c'est le bachelier Tcheou, qui
revient de la capitale, où il a échoué dans ses examens. Son trésor a été déterré pendant son absence;
il n'a plus de ressource que de la commisération de
sa famille qu'il va rejoindre.

Le marchand l'accueille généreusement, l'invite à
se réchauffer avec quelques tasses de vin ; justement
il en avait versé trois en ouvrant sa boutique et se
proposait de les offrir au premier indigent qui se
présenterait, pour que cette aumône agréable aux
dieux lui portât bonheur. L'épouse du bachelier et
leur fils ne sont pas non plus délaissés par l'hôte
bienfaisant. La vue de cet enfant lui suggère l'idée
d'une transaction. Consentiraient-ils à vendre ce fils
à un riche propriétaire ? Le bachelier tient conseil
avec sa femme ; la proposition est acceptée malgré
les plaintes et les prières de l'enfant. Tchin, qu'on
appelle aussitôt, conduit le bachelier avec son fils
chez Kou-Jin.

Dans ce moment, Kou-Jin est seul, il nous ins-
truit de tout ce qui le concerne. Depuis qu'il a trouvé
le trésor révélé par le dieu, il a bâti des maisons
qui ressemblent à des palais, il a ouvert un bureau
de prêts sur gages, un magasin de farines, un magasin d'huiles, un magasin de vins. Ces différentes

branches de commerce font couler dans ses coffres
un fleuve intarissable d'or et d'argent. Sur le con-
tinent, il possède des champs immenses ; sur l'eau,
des bateaux chargés de marchandises ; une multitude
d'hommes portent sur leur tête des sacs d'argent
qui sont à lui. Maintenant il n'est plus le pauvre
Kou-Jin ; on salue avec respect le seigneur Kou-Jin.

Toutefois, il l'avoue, son cœur ne peut se décider
à dépenser ni un denier, ni un demi-denier ; si on
lui demande une once d'argent, c'est comme si on
lui arrachait les nerfs. Aussi a-t-il la réputation
d'un avare renforcé. Mais il ne tient compte de pa-
reils propos ; il se moque des railleries dès qu'il est
revenu auprès de son coffre-fort.

On lui amène le bachelier avec son fils. L'enfant
lui plaît. Il le prend, et le bachelier, qui fait l'aveu de
sa misère, est chassé honteusement.

— Qu'on me renvoie ce gueux, ce mendiant ! il
remplirait d'ordures et de vermine ma maison !

Le bachelier se lamente, on lui donne des coups de
bâton. Le commis Tchin, excellent homme, et digne
d'un autre patron, reconduit le malheureux bachelier en le consolant et lui promettant son secours :

— Retirez-vous, mon ami, et ne dites rien ; cet
homme est dur et inhumain comme tous les riches.

Le commis Tchin est le raisonneur de la comédie
et se trouve placé là par l'auteur pour faire la censure
de l'avarice par ses actions, encore plus que par
ses discours.

Quand l'avare est seul avec son commis, il lui fait
écrire sous sa dictée le contrat de vente :

« Celui qui s'engage par ce contrat est Tchou, le
bachelier. Comme il manque d'argent et n'a aucun

moyen d'existence, il désire vendre un tel, son propre fils, âgé de tant d'années, à un riche propriétaire,
nommé le respectable Kou-Jin, qui est honoré du
titre de youen-waï.

LE COMMIS.

Personne n'ignore que vous avez une grande fortune ; il vous suffit du titre de youen-waï ; à quoi
bon mettre les mots : « riche propriétaire » ?

KOU-JIN.

Est-ce que tu veux me donner des leçons ? Est-ce
que je ne suis pas riche propriétaire, par hasard ?
Est-ce que je suis un indigent ? Oui, oui, riche
propriétaire, riche propriétaire. Tu écriras, derrière le contrat, qu'une fois le marché passé, si une
des parties se rétracte, elle payera un dédit de mille
onces d'argent.

LE COMMIS.

C'est écrit. Mais, au fait, quelle somme lui donnez-
vous pour l'enfant ?

KOU-JIN.

Ne vous mettez pas en peine de cela. Je suis si
riche, qu'il ne pourrait jamais dépenser tout l'argent
que je ferais pleuvoir sur lui, si je voulais, en faisant seulement craquer mon petit doigt.

Le bachelier signe de confiance. Tchin rapporte le
contrat signé à Kou-Jin, qui lui demande si le bachelier est parti.

LE COMMIS.

Eh ! comment ? Vous ne lui avez pas payé les frais
de nourriture.

KOU-JIN.

Il faut que vous soyez bien dépourvu de sens
et d'intelligence. Cet homme, n'ayant point de riz
pour nourrir son fils, me l'a vendu tout à l'heure
pour qu'il fût nourri dans ma maison et qu'il man-
geât mon riz. Je veux bien ne pas exiger de frais de
nourriture, mais comment ose-t-il en réclamer ?

LE COMMIS.

Belle satisfaction ! Cet homme n'a pas d'autre
moyen de retourner dans son pays.

KOU-JIN.

Puisqu'il ne veut pas remplir les conventions, ren-
dez-lui son enfant, et qu'il me paye mille onces d'argent pour le dédit.

Cependant l'avare se laisse convaincre par les
prières et les instances de l'honnête commis, et il accorde une once d'argent (une once d'argent vaut environ six francs).

LE COMMIS.

C'est se moquer !

KOU-JIN.

Il ne faut pas estimer si peu un lingot d'argent sur
lequel est empreint le mot pao (chose précieuse).

Cette dépense ne te paraît rien ; elle m'arrache les
entrailles. Mais je veux bien faire ce sacrifice pour
me débarrasser de lui. C'est à prendre ou à laisser.

On devine ce que disent les parents quand le commis leur vient faire cette proposition. Non ! on ne
peut pas le deviner ! C'est la femme qui s'écrie :

— Comment ! une once d'argent ! On n'aurait pas
pour cela un enfant de terre cuite !

La réflexion de l'avare, quand on lui rapporte cette
réponse, est étonnante :

— Oui, mais un enfant de terre cuite ne mange pas
de riz et ne fait pas de dépense. Au surplus, cet
homme m'a vendu son fils parce qu'il ne pouvait
plus le nourrir. Je veux bien ne pas me faire payer
ce que l'enfant me coûtera, mais qu'on ne m'arrache
pas mon bien. Ah ça ! drôle, dit-il à son commis,
c'est toi qui lui as peut-être suggéré ses folles pré-
tentions. De quels termes t'es-tu servi en lui of-
frant l'once d'argent ?

LE COMMIS.

Je lui ai dit : Le youen-waï vous donne une once.

KOU-JIN.

Justement : voilà pourquoi il l'a refusée. Regarde
bien, et suis de point en point mes instructions : tu
prendras cette once d'argent ; puis, l'élevant bien haut,
bien haut, tu lui diras avec emphase : Holà ! pauvre
bachelier, Son Excellence le seigneur Kou daigne
t'accorder une précieuse once d'argent.

LE COMMIS.

Je l'élèverai aussi haut que vous voudrez, mais

ce ne sera jamais qu'une once d'argent. Seigneur,
Seigneur, donnez-lui ce qu'il faut et congédiez-le.

Kou-Jin.

Eh bien, pour n'en plus entendre parler, je vais
ouvrir ma cassette et donner encore une once d'argent ; mais, après cela, plus rien, ou le dédit...

Le troisième acte finit là. Supposez que les hommes
ont vécu près de vingt ans dans l'intervalle qui sé-
pare cet acte du quatrième. A présent, vous voyez le
fils adoptif de Kou-Jin dans sa vingt-cinquième année et le vieil avare, devenu veuf, est malingre, caco-
chyme, moribond. Il vient, appuyé sur le bras du
jeune homme :

— Aïe ! que je suis malade ! (*Il soupire.*) Hélas !
que les jours sont longs pour un homme qui souffre !
(*A part.*) Il y a bientôt vingt ans que j'ai acheté ce
jeune écervelé. Je ne dépense rien pour moi : pas
un denier, pas un demi-denier ; et lui, l'imbécile, il
ignore le prix de l'argent. L'argent n'est pour lui
qu'un moyen de se procurer des vêtements, de la
nourriture ; passé cela, il ne l'estime pas plus que
de la boue. Sait-il toutes les angoisses qui me tour-
mentent lorsque je suis obligé de dépenser le dixième
d'une once ?

— Mon père, est-ce que vous ne voulez pas manger ?

— Mon fils, tu ne sais pas que cette maladie m'est
venue d'un accès de colère. Un de ces jours, ayant
envie de manger du canard rôti, j'allai au marché,
dans cette boutique-là, que tu connais. Justement,
on venait de rôtir un canard d'où découlait le jus le
plus succulent. Sous prétexte de le marchander, je le

prends dans ma main, et j'y laisse mes cinq doigts
appliqués jusqu'à ce qu'ils soient bien imbibés de
jus. Je reviens chez moi sans l'acheter, et je me fais
servir un plat de riz cuit dans l'eau. A chaque cuillerée de riz je suçais un doigt. A la quatrième cuillerée le sommeil me prit tout à coup et je m'endormis
sur ce banc de bois. Ne voilà-t-il pas que, pendant
mon sommeil, un traître chien vient me sucer le cin-
quième doigt ! Quand je m'aperçois de ce vol à mon
réveil, je me mets en une telle colère que je tombai
malade. Je sens que mon mal empire de jour en jour,
je suis un homme mort. Allons, il faut que j'oublie un
peu mon avarice et que je me mette en dépense.
Mon fils, j'aurais envie de manger de la purée de
fèves.

— Je vais en acheter pour quelques centaines de
liards.

— Pour un liard, c'est bien assez.

— Pour un liard ! à peine en aurais-je une demi-
cuillerée. Et quel marchand voudrait m'en vendre
si peu ?

Le jeune homme achète de la purée de fèves pour
dix liards au lieu d'un. Mais il n'a pu tromper l'œil
toujours vigilant de l'avare, et il essuie des reproches
à son retour.

— Mon fils, je t'ai vu tout à l'heure prendre dix
liards et les donner tous à ce marchand de purée.
Peut-on gaspiller ainsi l'argent ?

— Il me doit encore cinq liards sur la pièce que je
lui ai donnée. Une autre fois je les lui redemanderai.

— Avant de lui faire crédit de cette somme, lui
as-tu bien demandé son nom de famille et quels sont
ses voisins de droite et ses voisins de gauche ?

— Mon père, à quoi bon prendre des informations sur ses voisins ?

— S'il vient à déloger et à s'enfuir avec mon argent, à qui veux-tu que j'aille réclamer mes cinq liards ?

— Mon père, pendant que vous vivez, je veux faire peindre l'image du dieu du Bonheur, afin qu'il soit favorable à votre petit-fils et à vos descendants les plus reculés.

— Mon fils, si tu fais peindre le dieu du Bonheur, garde-toi bien de le faire peindre de face : qu'il soit peint par derrière, cela suffit.

— Mon père, vous vous trompez, un portrait se peint toujours de face. Jamais peintre s'est-il contenté de représenter le dos du personnage dont il devait faire le portrait ?

— Tu ne sais donc pas, insensé que tu es, que, quand un peintre termine les yeux dans la figure d'une divinité, il faut lui donner une gratification ?

— Mon père, vous calculez trop.

— Mon fils, je sens que ma fin approche.

— Mon père, je désire aller au temple pour y brûler de l'encens à votre intention; donnez-moi de l'argent.

— Mon fils, ce n'est pas la peine ; ne brûle pas d'encens pour la prolongation de mes jours.

— Il y a longtemps que j'en ai fait le vœu ; je ne puis tarder davantage à m'acquitter.

— Ah ! ah ! tu as fait un vœu ? Je vais te donner un denier.

— C'est trop peu.

— Deux.

— C'est trop peu.

Acteur, tenant le 1er rôle.

— Je t'en donne trois ; c'est assez... c'est trop, c'est trop, c'est trop... Mon fils, ma dernière heure approche ; quand je ne serai plus, n'oublie pas d'aller réclamer les cinq liards que te doit le marchand de fèves.

On emporte le vieillard ; il ne reparait plus ; il est mort. La dernière partie de la pièce est remplie par les infortunes du bachelier et de sa femme et par la reconnaissance tardive du fils et de ses parents qui sont comblés par lui de bienfaits.

<hr>

IX

LA JUSTICE.

Pour donner dès le début une idée de la justice chinoise, nous allons faire le rapprochement suivant. Un voleur passe près de vous dans la rue, vous arrache violemment le porte-monnaie que vous teniez à ce moment à la main et prend la fuite. Aussitôt vous vous mettez à sa poursuite en criant : « Au voleur ! » et, à ce cri, les passants s'empressent d'arrêter au passage l'individu qui vous a volé. En Chine, si pareille chose vous arrive, les cris de « : Au voleur ! » non seulement laissent les Chinois parfaitement indifférents, mais ont même ce résultat, qui paraît d'abord singulier, de les faire s'éloigner au plus vite.

Il faut avouer qu'ils n'ont pas entièrement tort. En effet, le témoin est traité en Chine exactement comme l'accusé. Il est enfermé en prison et là il est forcé de donner des pourboires énormes aux gardiens et aux

agents de police pour ne pas mourir de faim et être
traité d'une façon à peu près humaine ; et, lorsque enfin il va comparaître devant le tribunal, on lui donne
un certain nombre de coups de bâton pour lui rappeler qu'il doit dire la vérité. On comprend fort bien
que, dans ces conditions, personne n'ait un bien vif
désir de servir de témoin, sans compter qu'il y a
encore pour un Chinois une autre raison : c'est
qu'en déposant contre le malfaiteur, il se fera de celui-
ci un ennemi mortel, et la police est faite là-bas
d'une façon si déplorable qu'il n'est pas bon de
s'exposer à la vengeance de quelqu'un.

D'ailleurs les proverbes qui circulent parmi le
peuple prouvent combien le Chinois se méfie de la
justice : « Garde-toi des tribunaux pendant ta vie et,
après ta mort, de l'enfer », dit un de ces proverbes·
« Si dans un procès tu gagnes un chat, tu y perdras
une vache », dit un autre. « Quand un homme a un
procès, dix familles tombent dans le malheur », dit
un troisième.

La certitude de s'en tirer tout au plus avec la vie
sauve si l'on s'engage dans un procès a poussé les
Chinois à adopter un moyen de se venger qui nous
paraîtra bien singulier. Ils se donnent tout simplement la mort. Voilà, direz-vous, une singulière façon
de se venger de quelqu'un, et votre ennemi doit au
contraire se réjouir de votre mort. Pas du tout ; car
il en résultera une enquête ; votre ennemi sera
arrêté comme étant peut-être coupable de cette mort,
et il ne pourra se tirer d'affaire qu'à peu près ruiné
et ayant perdu l'estime générale. Cela devient même
très gênant dans bien des cas. Vous refusez une aumône à un mendiant : si celui-ci est d'un tempéra-

ment vindicatif, il peut fort bien se faire qu'il vienne se pendre devant votre porte, ce qui vous attirera les pires ennuis. Un créancier rappelle trop vivement à son débiteur qu'il serait temps de payer sa dette : le débiteur se tue, laissant une lettre dans laquelle il accuse son créancier d'être la cause de sa mort, et la ruine de celui-ci est désormais certaine.

Il y a quelques années, deux habitants de Pékin eurent une discussion à propos d'une affaire absolument insignifiante, d'une dette d'environ trois francs. Au cours de la discussion, le débiteur, pris de fureur, se précipita du haut d'un pont dans un canal qui était à sec et s'y blessa grièvement. Des Européens qui passaient le relevèrent et le transportèrent dans un hôpital tenu par des missionnaires. Mais la famille du blessé se hâta de venir l'y chercher, car, s'il y était mort, il aurait pu se faire que la plainte qu'elle voulait porter contre le créancier ne fût pas acceptée. Le malheureux fut donc transporté par sa famille sur le pont fatal et étendu là sur un matelas attaché à deux bâtons. Mais au bout de deux jours il s'ouvrit le ventre avec un morceau du pot dans lequel on lui apportait à manger. Son créancier fut arrêté et mourut en prison.

Il se produit naturellement des tentatives pour extorquer par des menaces de suicide de l'argent aux personnes riches. On raconte à ce sujet l'histoire suivante :

L'épouse d'un homme riche vint à mourir, et le bruit courut qu'elle avait pris du poison pour se soustraire aux mauvais traitements de sa belle-mère, car en Chine les belles-mères méritent, comme nous le verrons ailleurs, la mauvaise réputation qu'on

leur fait si injustement en Europe. Deux parents
ou prétendus parents de la jeune femme vinrent
trouver son époux, qui était tout à fait innocent du
meurtre, et lui réclamèrent une forte somme, sans
quoi ils allaient dénoncer l'affaire au tribunal. Le
mari refusa de leur donner cet argent.

Quelques jours plus tard eut lieu l'enterrement.
Les deux parents en question arrêtèrent le cortège
au moment où il passait devant le poste de police
situé à l'une des portes de Pékin et demandèrent à
ce que l'affaire fût examinée. Le cercueil fut alors
déposé sur le côté de la rue sur des paillasses, les
plaignants et l'accusé furent menés en prison, et
au bout de quelques semaines les médecins firent
l'autopsie du cadavre pour voir si réellement la
morte s'était empoisonnée.

Au bout de cinq ou six mois le jugement fut enfin
prononcé : les plaignants, convaincus de mensonge,
furent condamnés aux travaux forcés, et, une fois
leur peine terminée, à rester exilés toute leur vie.
Les accusés furent mis en liberté ; mais quand ils
sortirent de prison, ils étaient complètement ruinés.

Tout cela vient de ce que les gardiens de la prison
ne sont contrôlés par personne et peuvent ainsi exiger
du prisonnier innocent tout ce qui leur plaît. On raconte qu'un ancien ambassadeur chinois en Russie,
ayant été mis en prison, dépensa pendant les huit
jours qu'il y resta 250.000 francs.

On a d'ailleurs une manière toute particulière de
décider les accusés à confesser leur faute. On leur
donne des coups de bâton jusqu'à ce qu'ils avouent,
et même, malgré les édits impériaux, on les met à la
torture dans bien des endroits.

Les peines qui sont prononcées sont de nature diverse : tantôt le coupable est condamné à recevoir un certain nombre de coups de bâton ; tantôt il est condamné à l'exil, ou même à mort. Dans ce dernier cas, l'Empereur doit signer le décret d'exécution ; mais parfois les familles obtiennent que l'arrêt ne soit pas exécuté immédiatement,. et, quand il n'est pas exécuté sur-le-champ, il a bien des chances de ne l'être jamais.

X

LES COIFFEURS.

Le nombre des coiffeurs est effrayant. Nulle part le rasoir ne fonctionne aussi vite, aussi souvent et aussi dextrement qu'en Chine. Les barbiers forment à coup sûr la classe la plus nombreuse des artisans chinois. Ces barbiers n'ont pas de boutiques ; ils exercent en plein air leur métier et font vibrer un ressort d'acier qu'ils portent à la main pour annoncer leur approche. A peine un Chinois leur demande-t-il leur ministère, qu'ils l'installent sur un escabeau, mettent une petite glace dans sa main, afin qu'il puisse suivre d'un œil satisfait tous les détails de sa toilette, et déploient leurs rasoirs. Ce barbier commence par fixer sur la tête la longue queue qui donne aux Chinois un air si singulier, et se met à raser le crâne ; puis vient le tour de la barbe ; ensuite, pour que la peau du dessus de la tête et celle du menton acquièrent le poli de l'ivoire, le perruquier promène

en divers sens une foule de rasoirs de dimensions
différentes sur les surfaces qui lui sont livrées, et
passe ensuite aux minutieux détails de cette toilette
capillaire. Il poursuit le poil, à l'aide de petits rasoirs bien effilés, dans tous les orifices de la figure,
dans l'intérieur des narines, dans celui des oreilles,
sur les marges des paupières, puis il nettoie soigneusement tous ces orifices, peigne et lisse la longue
queue, cette queue destinée à subir bien des affronts
dans les disputes, et, pour l'allonger davantage,
comme si la considération en Chine se mesurait sur
le prolongement de cet appendice risible, y en-
tremêle de petits cordons de soie ordinairement
noirs ou rouges, qui servent à arrêter la tresse. Tout
cela est fait rapidement et coûte un prix absolument
minime.

Les barbiers ne peuvent donc, en déployant la plus
grande activité, que gagner tout juste de quoi vivre.
Dans cette contrée, où la population regorge, les
hommes industrieux sont, par la force même des
choses, conduits à s'expatrier, en vertu de cette loi
de nature qui pousse toutes les intelligences à s'af-
franchir du joug de la faim. Aussi des colonies en-
tières de Chinois partent-elles pour s'établir partout
où la main-d'œuvre est arrivée à un prix raisonnable.
C'est ainsi que beaucoup se rendent dans l'Amérique
du Nord, aux États-Unis, où ils s'établissent souvent
comme blanchisseurs. Mais les Européens établis là-
bas les voient d'un très mauvais œil, car ils travaillent
fort bien et se contentent d'un prix modique, faisant
ainsi une concurrence redoutable à leurs rivaux.
Aussi les empêche-t-on, dans la mesure du possible,
de venir s'établir là où il y a des blancs d'installés.

Barbier chinois.

Ceux qui abandonnent leur patrie pour aller s'établir au loin ne sont d'ailleurs nullement le rebut de la population. Ce sont les plus habiles, au contraire, à qui la misère donne le courage d'émigrer.

XI

LES MENDIANTS.

Le peuple chinois est le plus résigné de tous les peuples. Il a poussé cette vertu jusqu'à l'exagération, et les marins d'Europe le savent bien, puisque, à peine arrivés dans un port du Céleste-Empire, ils n'ont pas de plus grand bonheur que de faire subir toutes sortes d'espiègles vexations aux boutiquiers chinois. Mais souvent aussi cette résignation cache une ruse et n'est qu'un piège dissimulé pour se débarrasser d'une importunité gênante. Un voyageur raconte l'histoire suivante, qui, tout en nous faisant connaître la façon dont est pratiquée la mendicité sur la terre de Chine, a l'avantage de mettre en lumière ce trait de caractère.

Le mendiant chinois, dit-il, pénètre avec une hardiesse et une liberté totalement ignorées de nos contrées, dans une boutique, dans un atelier où travaillent plusieurs personnes, et même dans la maison d'un particulier, et il se met, sans s'inquiéter aucunement de ce qui l'entoure, à jouer de l'un de ces instruments barbares dont le génie inventif des Chinois a été si prodigue. Pour compléter son charivari et troubler à coup sûr toute occupation sérieuse, il accompagne par le chant les notes criardes qu'il tire de son instrument. Chez nous, dès les premières notes, si nous craignions de rencontrer de la part du mendiant une trop forte opposition, nous enverrions chercher la police qui nous aurait promptement rendu le repos et la tranquillité ; ou bien, si nous ne voulions pas opposer une violence trop forte à la violence qui nous est faite, nous donnerions aussitôt quelques sous afin de nous débarrasser de cette affreuse musique. Le Chinois n'a pas nos mœurs expéditives.

Au lieu de s'inquiéter de tout ce tapage, il laisse en effet le pauvre diable s'époumonner, s'égosiller, se démener et se morfondre pendant des heures et agit absolument comme s'il ne voyait et n'entendait rien. A la ténacité il oppose l'inertie, à l'impudence quêteuse l'indifférence. Ce n'est que lorsque ce charivari étourdissant a éreinté son pauvre auteur que l'importuné se décide enfin, après une longue séance, à mettre la main à la poche et à donner au misérable quelques-unes de ces horribles pièces de cuivre, percées d'un trou carré au milieu, qui servent de monnaie de billon à toute la Chine.

Je fus témoin d'une scène de ce genre dans un atelier d'ébénisterie et, étonné de cette conduite, je demandai au maître de la maison l'explication de ce mystère, et pourquoi, ayant l'intention de faire l'aumône, il y avait apporté un si long retard. L'habitant du Céleste-Empire me regarda avec un air de béatitude incroyable, et, faisant grimacer sur ses lèvres épaisses le plus charmant de ses sourires, il nous répondit d'un air de satisfaction :

« Si je m'exécutais tout de suite, le musicien ambulant reviendrait bientôt troubler ma maison de ses cris aigus et prélever un impôt sur ma bourse. Mais, plus il reste dans chaque maison, plus il lui faudra de temps pour parcourir tout le quartier, et alors, si chacun fait comme moi, je serai bien plus de temps

Mendiant chinois.

sans le revoir, et mes ouvriers pourront travailler tranquillement et sans distraction. »

Quiconque a vu les troupes de mendiants qui parcourent les rues de toutes les grandes villes, entrent sans gêne dans les maisons et exécutent des concerts qui déchirent les oreilles des malheureux Européens, ne saurait être surpris de cette longanimité. Le Chinois est continuellement exposé à des périls de toutes sortes qui menacent sa vie, sa fortune et sa subsistance. La patience est devenue pour

lui une nécessité. Ce qu'il supporte, il sait bien que tous ses efforts seraient impuissants à l'empêcher. Alors toutes les ressources et les subtilités de son esprit sont tournées vers un seul but : faire la part du fléau, s'il le peut, et conserver le reste. Voyez-le au milieu des inondations qui annuellement causent, dans la plupart des provinces de l'Empire, des ravages effrayants. Il ne prend aucune des mesures qui pourraient, sinon le sauver, du moins le sauvegarder en partie. Il garde au milieu des eaux qui envahissent jusqu'à sa demeure, cette insouciance ou plutôt cette apathie que l'on observe souvent chez lui au milieu des dangers qui lui sont individuels.

Quand un voleur, par exemple, et le cas est très fréquent, pénètre dans sa maison, il tâche de le faire sortir en l'effrayant et, presque toujours, le voleur, surpris en flagrant délit et sachant le châtiment qui l'attend s'il est livré à la justice, se sauve. Mais si, loin de se laisser gagner par la peur, le voleur paye d'audace et si l'appât du gain l'emporte chez lui sur la crainte de la loi, les rôles sont bientôt intervertis, et c'est ordinairement le propriétaire qui lui cède la place, car le Chinois connaît la mesure de ses forces ; avec son œil pénétrant il voit sur-le-champ ce qu'il a à gagner ou à perdre, et il s'en rapporte à la délicatesse et aux forces du voleur pour n'être pas complètement dévalisé.

Des faits de ce genre se passent journellement, même sur une plus grande échelle. Il arrive souvent que, dans une contrée pauvre, des bandes de malfaiteurs s'organisent et se répandent dans les contrées voisines, plus favorisées en richesses. Ces compagnies ne se contentent pas de détrousser les voyageurs sur les grandes routes ; quand elles envahissent un pays, c'est pour mettre à rançon tous les centres de population qui ne leur paraissent pas trop considérables. Elles pillent et volent des villages entiers. Alors ceux qui se trouvent menacés vont audevant du fléau et entrent en composition avec les bandits. Ils stipulent un arrangement, absolument comme deux puissances belligérantes stipulent les articles d'un traité de paix et, moyennant finances, les villages craintifs achètent leur tranquillité.

XII

LES SUPERSTITIONS.

Nous ne voulons pas nous étendre bien longuement sur cette question, car il faudrait un volume pour citer les principales superstitions qui ont cours actuellement encore en Chine ; nous allons seulement en citer quelques-unes pour en donner une idée générale.

Il se publie à Pékin un journal écrit en chinois qui s'appelle le *Journal de Pékin*. On pouvait y lire, ces temps derniers, un compte rendu adressé par le gouverneur d'une province, compte rendu dans lequel celui-ci racontait un miracle accompli par le dieu de la guerre en faveur de la population d'une ville qui l'avait prié dans son temple de venir à son secours. Ce dieu serait apparu accompagné d'une nombreuse suite de soldats sur les murs de la ville qui était attaquée par les rebelles et aurait inspiré à ceux-ci une telle épouvante qu'ils se seraient enfuis au plus vite. Le gouverneur demandait en conséquence à l'Empereur à ce que l'on mît dans le temple du dieu une plaque de marbre portant une inscription d'honneur.

Voici un autre trait : un préfet transmet une pétition qui lui est adressée par les notables de sa circonscription pour demander à ce que leur dieu local ou une fée passe à un rang supérieur ou reçoive un titre honorifique, parce qu'ils sont venus au secours de la population menacée par une inondation.

Dans un autre endroit s'est produite une inondation qui a été apaisée de la manière suivante : le dragon du fleuve est apparu sous la forme d'un petit serpent. La population, pour se concilier sa faveur, l'a transporté, en procession solennelle, dans le temple le plus proche ; les plus hauts fonctionnaires de la province s'y sont rendus pour l'adorer, et l'on a amusé Sa Majesté en représentant devant lui diverses pièces de théâtre.

Les canons fabriqués par l'usine allemande Krupp avaient rendu aux Chinois de grands services dans une guerre ; ils leur ont élevé un temple.

Pas plus tard qu'en 1891, le gouverneur de la Mandchourie rapporte que les fusils et les canons de ses troupes n'ont pas pu tirer parce qu'ils avaient été ensorcelés par les rebelles. Ces derniers avaient du reste la partie facile, au dire du gouverneur, car les hommes qu'ils perdaient dans les batailles étaient remplacés par des hommes en papier qu'ils fabriquaient et auxquels ils donnaient la vie par divers sortilèges.

Diseurs de bonne aventure.

De même les Chinois sont persuadés que des hommes en papier volent à travers l'air et, sans doute pour se distraire un peu, s'amusent à couper les tresses des infortunés Chinois. De même les missionnaires sont souvent persécutés parce que le peuple s'imagine qu'ils enlèvent les yeux des enfants pour en fabriquer un élixir qui leur sert à faire de l'or.

Cette dernière superstition est dangereuse, parce qu'elle pousse les Chinois à la persécution et au fanatisme ; mais en général tout se borne à la glorification de héros réels ou imaginaires, mais dont le culte est devenu national au cours des siècles. Les autres superstitions sont souvent risibles, mais généralement inoffensives.

On trouve parmi les légendes chinoises certains récits qui ressemblent beaucoup à ceux qui ont eu cours parmi nous il y a plusieurs siècles, à l'époque du moyen âge. En voici un exemple :

Depuis quelque temps, une affreuse mortalité décimait la population chinoise ; l'Empereur s'alarma des ravages qu'elle faisait parmi son peuple et craignit un instant que la Chine ne fût plus qu'un désert. Un lettré, qui menait une vie irréprochable, eut l'idée d'évoquer le diable, car il pensait avec raison qu'il pouvait, sans le calomnier, le supposer l'auteur de cette effroyable dépopulation. Le diable en effet se rendit à son invitation et lui apparut sans se faire attendre. Le lettré, quand il fut un peu remis de la première frayeur que la présence d'un pareil visiteur doit nécessairement causer, le supplia de lui faire connaître la cause de la mortalité qui s'était subitement déclarée et faisait de tels ravages parmi le peuple. Le diable chinois se montra aussi complaisant que possible. Il releva sa robe, prit un petit paquet qu'il tenait caché sous cette robe, et, le montrant au lettré d'un air narquois, il engagea une conversation fort longue sur les vertus malfaisantes de certaines plantes et de certaines poudres. Cette conversation se termina par ces paroles remarquables :

« C'est moi, dit le diable, qui tue les Chinois, et je n'ai besoin, pour les faire périr, que de répandre dans l'eau de toutes les rivières la poudre vénéneuse contenue dans ce paquet ; quand cette poudre aura toute été employée, la mortalité cessera. »

Le lettré pria alors le diable de vouloir bien lui permettre d'examiner attentivement cette poudre douée d'une si malfaisante vertu. Le diable lui remet le paquet, et ce généreux lettré, se dévouant pour ses frères, avale brusquement toute la poudre, et meurt sous les yeux du diable stupéfait, et qui n'était pas payé pour s'attendre à cet héroïsme de la charité. Dès ce moment l'épidémie qui désolait la Chine disparut. Le lettré, devenu tout noir par l'effet de cette poudre, fut mis au rang des divinités chinoises.

XIII

LES PRESTIDIGITATEURS.

Il n'y a pas en Chine de théâtres dans le genre de Robert-Houdin. Le faiseur de tours opère sur les places publiques, comme ceux que l'on voit à Paris à la foire de Neuilly. Lorsque les familles donnent des fêtes, on invite souvent le prestidigitateur à venir varier les plaisirs par ses tours, toujours applaudis.

Le prestidigitateur est en même temps acrobate et remplit à merveille l'une et l'autre de ces fonctions. L'adresse proverbiale des artistes chinois en ce genre est vraiment stupéfiante. En général, c'est par les tours d'acrobatie que s'ouvre la séance ; après avoir avalé des sabres, jonglé avec des poids et s'être livré à d'autres exercices du même genre, l'acrobate se transforme en magicien. Il dépouille sa robe, la jette par terre et demande aux spectateurs de lui dire quel objet ils désirent voir apparaître.

On choisit naturellement quelque chose de difficile, et le sorcier commence à faire avec ses doigts des gestes bizarres. Puis il s'approche de sa robe, lui murmure tout bas des mots mystérieux, la magnétise, et voilà que soudain la robe se soulève, monte, monte toujours : le maître, enfin, retire ce rideau mouvant, et l'on voit apparaître, soit des plats fumants, soit toute autre chose demandée.

Des gens dignes de foi ont vu des prestidigitateurs chinois faire des choses étonnantes. Un jour, dans une de ces fêtes, un prestidigitateur demanda à l'auditoire de dire ce qu'il voulait voir apparaître. Quelqu'un demanda un potiron. Le sorcier fit d'abord mine de dire que c'était impossible, vu la saison. Sur les instances du public, il finit par céder. Alors il prit un pépin de potiron qu'il mit en terre ; puis il fit coucher son fils, jeune enfant de quatre ou cinq ans, et lui plongea un couteau dans le cou. Le sang coula dans un pot et le magicien en arrosa la terre où il venait de planter la graine. Il mit ensuite une couverture sur le cadavre de l'enfant et plaça une cloche en bois sur la terre arrosée. Quelques minutes après, on vit le germe fendre le sol, pousser vite et fleurir. La fleur tomba, le potiron apparut et grandit avec une rapidité extraordinaire. Lorsqu'il fut mûr, le magicien l'enleva de la tige, le présenta au public et fit la quête. Il enleva ensuite la couverture sous laquelle il avait placé le cadavre, et l'enfant se redressa joyeux, et, bien entendu, sans la moindre blessure. Tout cela fut exécuté avec une netteté surprenante.

Une autre fois, à Pékin, un prestidigitateur demanda à la société si elle désirait qu'il lui procurât quelque chose de rare. « Une pêche », cria-t-on. On était au mois de mars, où la glace commence à peine à fondre, surtout dans le nord de la Chine. « Une pêche ! C'est le seul fruit impossible à avoir, répondit le prestidigitateur. En cette saison il n'en existe que dans le jardin du paradis. »

— « Faites-en venir, lui cria-t-on, puisque vous avez la puissance magique. »

Après avoir fait quelques difficultés, il finit par se rendre. Il tressa alors un rouleau de ruban qu'il jeta en l'air, et l'on vit surgir une échelle qui se prolongea à une hauteur prodigieuse dans l'espace. Un enfant, qu'il poussa sur les premiers échelons, grimpa avec l'agilité d'un singe et disparut dans les nuages. Quelques minutes s'écoulèrent, et une pêche tomba du ciel, puis une autre. Le magicien les découpa et les présenta au public : c'étaient de vraies pêches. Le fruit n'était pas encore fondu dans la bouche des assistants lorsqu'un autre objet, aussi rond que la pêche, tomba par terre. Horreur ! c'était la tête de l'enfant ; puis vinrent les bras, les jambes et enfin le tronc. Le sorcier les ramassa en pleurant et dit que la société était cause de ce meurtre par ses exigences impossibles ; que les gardiens du paradis avaient pris son enfant pour un voleur et l'avaient coupé en morceaux. L'assistance, émue par ce spectacle si douloureux, croyait réellement avoir commis un homicide par ses exigences et désira racheter sa faute involontaire au moyen d'une souscription généreuse. Pendant ce temps, le magicien remit dans la boîte qu'il portait toujours avec lui les membres de son enfant. Lorsqu'il eut reçu le montant de la souscription, il rouvrit la boîte en disant :

« Viens, mon enfant, remercier ces messieurs ! »
Et le petit bonhomme vivait encore !

Un voyageur raconte la scène de ventriloquie suivante entendue à Pékin. Un ventriloque était assis derrière un paravent, n'ayant à sa disposition qu'une chaise, une table, un éventail et une règle. Il frappa quelques coups de règle sur la table pour obtenir le silence et chacun se tut.

Soudain on entendit l'aboiement d'un chien, puis le mouvement d'une femme qui, réveillée par l'animal bruyant, secouait son mari pour le réveiller à son tour. Au même instant un enfant, sans doute à côté d'eux dans un berceau, se mit à pleurer. La femme donna le sein au bébé, qui continuait à pleurer tout en tétant ; sa mère chercha à le consoler et se leva pour le changer. Un grand enfant, se réveillant dans un lit, fait du bruit, le père le gronde ; le petit pleure toujours ; la mère le berce.

Tout d'un coup, le mari, la femme et les enfants

se couchent et s'endorment. Le mari ronfle, la femme
tapote l'enfant de petits coups de moins en moins
forts ; on entend le trottinement d'une souris qui
grimpe contre quelque vase et le renverse ; la femme,
endormie, tousse. Des clameurs s'élèvent : Au feu !
au feu ! C'est la souris qui a renversé la lampe et
mis le feu aux rideaux. Le mari et la femme réveil-
lés crient ; les enfants pleurent, des milliers de gens
accourent, vociferent, des milliers d'enfants pleurent,
les chiens aboient, les murs s'écroulent, les pétards
détonent ; on croit assister à un sauve-qui-peut
général. Les pompiers arrivent ; l'eau jaillit à tor-
rents et siffle sur le feu. C'était si vrai que les assistants allaient tous se sauver, croyant avoir affaire à
un véritable incendie, lorsqu'un second coup de
règle frappa la table, et le silence le plus complet
succéda à l'effroyable tumulte. On se précipite derrière le paravent : il n'y avait que le ventriloque, la
table, la chaise et la règle.

XIV

LES JOUEURS.

Les Chinois sont des joueurs absolument passion-
nés, et la fureur du jeu est même un des traits carac-
téristiques de ce peuple. Un observateur superficiel
ne s'en rendra pas facilement compte, car on ne joue
pas ouvertement, puisque les jeux de hasard sont
interdits par une loi. Mais cette loi n'est respectée
qu'en apparence, car dans toutes les villes il y a des

rues un peu écartées où se trouvent presque uniquement des maisons de jeu. Les hauts fonctionnaires
chinois savent naturellement comment les choses se
passent, mais ils ferment les deux yeux et ils ne
peuvent guère faire autrement, car il leur serait
impossible de réprimer le mal.

Ceci peut paraître étrange. Comment, me direz-
vous, se fait-il que de puissants mandarins, qui sont
parfois chargés de commander à des maisons étrangères la livraison de plusieurs navires ou d'une
quantité de canons, n'aient pas le pouvoir de se faire
obéir? Assurément ils pourraient donner des ordres,
mais ils se heurteraient à une résistance passive de
la part des mandarins inférieurs, et finalement ils
seraient obligés de céder. Si les mandarins inférieurs
montrent si peu d'empressement à faire respecter la
loi, c'est qu'ils sont tous achetés par ceux qui tiennent ces maisons de jeu, et la vénalité des fonctionnaires est peut-être le plus grand des maux dont la
Chine a à souffrir.

Si les mandarins de second ordre ne veulent pas
ou parfois ne peuvent pas empêcher les jeux, il existe
cependant une autorité qui peut intervenir d'une
manière efficace. C'est un corps qui ressemble dans
une certaine mesure à notre conseil municipal, bien
que ses attributions soient infiniment moins éten-
dues. Son existence prouve du moins que la Chine
n'est pas gouvernée d'une façon aussi despotique
qu'on le croit quelquefois.

Cette autorité est le collège des Anciens, c'est-à-
dire la réunion des personnes notables de la ville ou
du village qui sont les plus âgées. Le président, qui
est toujours un homme respecté de tous, a différentes

fonctions à remplir. Quand un locataire se trouve,
par suite d'événements qui ne sont pas de sa faute,
dans l'impossibilité de payer son loyer, le président
le paye de son propre argent ou demande aux membres du conseil de contribuer à le payer.

Les contributions en argent qu'il reçoit sont
employées à payer les frais des cérémonies religieuses ou des représentations théâtrales. Quand il y a
dans la ville un mandarin qui ne plaît pas aux habitants, le conseil fait tous ses efforts pour le faire
partir et y réussit très souvent. On n'ose jamais, dans
la ville ou le village, ne pas tenir compte de ses
ordres. Aussi, s'il se produit que les joueurs se livrent
d'une manière désordonnée à leur passion et fassent
véritablement scandale, le conseil défend tout simplement les jeux tenus en pleine rue ou dans les maisons
de jeu où il y a trop de scandale.

Certains des jeux auxquels jouent les Chinois sont
identiques ou semblables à ceux que nous connais-
sons en Europe. Il ne manque pas non plus de filous
qui cherchent à attraper les joueurs naïfs, et en
Chine ils sont tout aussi adroits que chez nous. Dans
certaines villes où viennent beaucoup d'étrangers,
ce métier est particulièrement prospère, mais il faut
reconnaître que les Chinois n'ont pas perfectionné
les procédés en usage chez nous. Si des filous voient
dans une rue ou dans un café quelqu'un qui leur
paraît n'être pas de la ville et venir de la campagne,
ils lient conversation avec lui sous prétexte de lui
montrer toutes les curiosités de la ville. Puis, comme
par hasard, ils proposent de faire une partie, en
apparence bien inoffensive. Nos filous ont soin de
perdre au début, puis ensuite ils gagnent sans cesse,

jusqu'à ce que leur malheureuse victime n'ait plus un sou. On réussit parfois à les arrêter et, en Chine comme chez nous, ils comparaissent devant un tribunal.

Un des jeux les plus originaux de la Chine est la loterie Waising qui se tire à Canton. Quelques mots d'explication sont nécessaires pour qu'on comprenne bien sur quoi elle repose.

Il y a en Chine des examens, d'une difficulté bien inutile, mais enfin très grande, dont nous parlerons plus en détail dans un chapitre spécial. Ceux qui réussissent à ces examens sont comblés d'honneurs. La ville et la province auxquelles ils appartiennent les accueillent en triomphe; leurs parents suspendent devant leur maison un grand tableau rouge sur lequel ils annoncent, en lettres énormes, le grand bonheur qui vient d'arriver à la famille. Les mandarins les plus puissants invitent à leur table ceux qui ont réussi aux examens du chef-lieu de province, et les trois candidats qui ont le mieux passé l'examen donnant le grade de « Hanlin », examen qui se passe à Pékin tous les trois ans seulement, sont présentés à l'Empereur et mangent à sa table. Celui qui a monté cette loterie dont nous parlons a spéculé sur cet intérêt très vif que prend toute une province au succès de ses candidats. Il se procure les noms des candidats d'une circonscription administrative et lance alors une invitation au public de parier sur vingt de ces noms. Les parieurs prennent d'abord le plus de renseignements possible sur les candidats en présence, et s'ils tombent sur le nom du candidat vainqueur, ils reçoivent un lot. Dans ces loteries il n'y a qu'un petit nombre de lots, mais d'une valeur considérable.

Un autre usage assez original est de parier sur
l'issue du combat engagé entre deux animaux. Cela
se fait, à vrai dire, chez nous aussi dans certaines
provinces et d'une manière plus cruelle qu'en Chine,
il faut le reconnaître. Dans le département du Nord,
on a l'habitude de faire combattre l'un contre l'autre
des coqs dressés à cet effet et qui apportent à cette
lutte une obstination sauvage. En Chine, du moins,
on se contente de grillons d'une espèce particulière
qui est très fréquente à la campagne dans les provinces du sud. On met dans une coupe deux de ces
animaux et on les excite l'un contre l'autre. Ils s'atta-
quent la plupart du temps avec une fureur extrême,
et généralement la lutte ne prend pas fin sans que
l'un d'eux soit mort ou ait perdu un de ses membres.
Les paris engagés se montent parfois à des milliers
de francs.

Certains jeux sont extrêmement simples. L'un
d'eux, très répandu, et qui se joue dans les rues de
Canton, s'appelle Fantan. Le banquier a devant lui
un tas de pièces blanches de cuivre. Il en prend une
poignée et la couvre d'une coupe. Les assistants
doivent deviner combien il reste de pièces, si l'on
divise par quatre le tas de piécettes; s'il en reste une,
deux, trois, ou pas du tout. Celui qui devine juste
gagne énormément, comme toujours du reste dans
les jeux chinois. Les Chinois ont en effet pour prin-
cipe qu'il vaut mieux gagner peu de lots, mais très
élevés, qu'un grand nombre de petits lots.

Si l'on voit dans la rue une foule de Chinois rassemblés autour d'un marchand de fruits, on peut être
sûr que celui-ci a organisé un jeu de hasard quel-
conque. Le plus souvent le marchand prend une

orange et demande aux assistants de deviner le nombre de pépins qu'elle contient. Un grand nombre de gens consentent d'ordinaire à parier et déposent quelque argent sur le chiffre qu'ils ont choisi. Là-dessus le marchand ouvre l'orange et compte le nombre des pépins. Celui qui a deviné juste reçoit trois fois sa mise; ceux qui ont mis sur le chiffre d'avant et sur le chiffre d'après reçoivent deux fois leur mise, et le reste appartient au marchand.

Il y a du reste des quantités de jeux de toutes sortes. Les Chinois ont, dès leur plus tendre jeunesse, la fureur du jeu et du pari. Des enfants même jouent de l'argent dès qu'ils possèdent quelques sous.

Comme dans tous les pays, les joueurs sont en Chine extrêmement superstitieux. Ils ont une divinité spéciale qui a l'aspect d'un tigre furieux tenant entre ses pattes une grande pièce de cuivre; les joueurs l'appellent: « Son Excellence le Tigre qui saisit l'argent ». C'est surtout au moment du nouvel an que l'on rend hommage de toutes parts à cette divinité, car il est bien difficile à cette époque, même pour les personnes qui ne jouent pas d'ordinaire, de se soustraire à la fureur de jeu qui règne à ce moment.

XV

UN MARIAGE.

Le mariage est précédé en Chine d'une foule de cérémonies dans lesquelles les personnes servant d'intermédiaires et les devins jouent le principal rôle. Il est impossible en Chine de se marier sans avoir recours à un intermédiaire, que l'on doit toujours choisir parmi les plus hauts personnages que l'on connaît et qui se trouve toujours extrêmement flatté de remplir ces fonctions. On voit par exemple, dans les romans chinois, le père d'une jeune fille pauvre ou bien sa vieille grand'mère repousser avec indignation la demande d'un riche prétendant parce qu'il a formulé lui-même et directement la demande en mariage, au lieu de la faire faire par un intermédiaire, et l'auteur ne manque jamais de louer fort la famille de la délicatesse dont elle a fait preuve en cette circonstance.

Quand l'intermédiaire s'est assuré que la demande ne sera pas repoussée, on commence les démarches officielles suivantes :

On s'informe du nom et de l'heure de la naissance de la jeune fille pour les donner à un devin qui doit tirer l'horoscope des futurs époux et dire si rien ne s'oppose au mariage. Si le devin n'y voit aucun obstacle, la famille du jeune homme fait la demande officielle, et si elle est accueillie favorablement, le père du jeune homme la renouvelle par écrit et reçoit en retour une réponse écrite. Les fiançailles sont désormais conclues.

On envoie alors des présents à la fiancée, on fixe le jour de la noce et l'on conduit en grande pompe la jeune fille dans la maison du fiancé. Les frères ou parents de la future accompagnent le cortège à cheval, vêtus de vêtements noirs croisés sur la poitrine d'écharpes rouges, car le rouge est en Chine la couleur qui apporte le bonheur.

Tout ceci précède donc le jour de la noce. Pendant tout ce temps, les devins et les intermédiaires continuent leurs offices. Ces derniers viennent rendre le plus de visites possible aux deux familles, surtout quand elles sont riches, car ils savent bien que jamais on ne les laissera partir les mains vides. Les devins, de leur côté, sont consultés à chaque instant pour choisir des jours et des heures heureux et détourner tout malheur. On communique au devin le jour de la naissance des fiancés et des parents qui leur tiennent de près, ainsi que le jour fixé pour la noce, et alors le devin fixe le moment favorable pour commencer à couper les habits de noce des fiancés et pour que la fiancée commence à travailler aux oreillers. Les jours et les heures fixés par le devin sont ceux auxquels on peut commencer les travaux cités plus haut sans que le bonheur des futurs soit compromis. Pour éviter plus sûrement les mauvaises influences que pourrait avoir sur le bonheur des fiancés la présence à leur noce d'un parent ou d'un invité né sous une étoile défavorable, le devin écrit sur un papier blanc les étoiles sous lesquelles ceux qui sont nés doivent s'abstenir de prendre part à la cérémonie.

Tous les actes écrits, rédigés au cours des pourparlers, sont conservés avec le soin le plus extrême par les deux familles, car ils pourront servir de preuve, pour le cas où des contestations viendraient à s'élever. Ils sont écrits sur du papier rouge, orné souvent d'arabesques d'or, de signes et de symboles qui portent bonheur, et sont mis dans des enveloppes de même genre. Certaines de ces enveloppes ont 60 centimètres de longueur, et les feuilles qui y sont renfermées ont de 1 mètre 50 à 2 mètres carrés.

Lorsque les parents, l'Empereur, l'Impératrice et l'Impératrice mère de l'Empereur régnant viennent à mourir, il faut porter le deuil pendant vingt-sept mois. Aussi voit-on souvent des parents à leur lit de mort exiger que le mariage de leur fils ou de leur fille se fasse tout de suite, afin d'éviter ce long retard. Lorsque l'Empereur tombe sérieusement malade, on voit passer dans les rues des centaines de cortéges, car tout le monde se hâte de se marier, et plus on voit de mariages, plus on peut être sûr que l'Empereur est gravement malade.

Il y a certaines cérémonies qui sont à ce moment de tradition. La jeune fille doit manifester bruyamment la douleur qu'elle éprouve de quitter la maison paternelle et elle se répand alors en pleurs et en lamentations. Les Chinois aiment du reste beaucoup ces manifestations publiques de la douleur et tiennent à ce qu'il n'y soit pas manqué. Aussi, au lieu d'être touchant, ce spectacle est-il parfois comique. On voit, par exemple, le jour de la Toussaint, qui est chez les Chinois le troisième jour du troisième mois de l'année, des veuves pleurer leurs maris ou des filles pleurer leurs pères auprès de leur tombe. Elles se précipitent sur le sol avec désespoir et manifestent une telle douleur qu'il semble qu'elles vont

Cortége de noce en Chine.

rendre l'âme. Tout d'un coup elles s'arrêtent, se retournent, demandent du thé et une pipe et bavardent de l'air le plus satisfait du monde avec la servante qui les accompagne, jusqu'à ce que, un quart d'heure après, elles recommencent leurs gémissements.

Arrivons maintenant au jour de la noce. Lorsque ce jour est arrivé, le fiancé, ou bien, dans les provinces où la coutume est autre, un de ses plus jeunes frères ou l'un de ses proches parents se rend à la maison de la fiancée pour la venir chercher, accompagné de l'intermédiaire, de nombreux amis et de tout un cortège composé de musiciens, de porteurs de drapeaux et de lanternes. Au milieu du cortège se trouve la chaise à porteurs dans laquelle prendra place la fiancée.

Celle-ci, habillée de riches vêtements, portant sur la tête une couronne en forme de casque, dit solennellement adieu à ses parents et se couvre d'un grand manteau rouge qui la cache tout entière jusqu'à la tête, et d'un grand chapeau rouge dont les bords descendent jusqu'aux épaules. Parfois ce chapeau est remplacé par un long voile rouge.

C'est dans ce costume, où elle risque véritablement d'étouffer, comme cela est du reste déjà arrivé, qu'elle prend place dans la chaise à porteurs, laquelle est entourée d'épais rideaux rouges. Comme cette chaise n'est destinée qu'à servir pour la célébration d'un mariage, on la travaille chez les Chinois avec un soin particulier. Elle est recouverte de broderies, de dorures, de peintures sur émail, etc.; tandis que chez les Tartares ou Mandchous, la race conquérante, elle est beaucoup plus simple. La mère ferme à clef la chaise à porteurs et remet cette clef à une des personnes du cortège. Le cortège se met en route au milieu du bruit des trompettes et des gongs et se rend, généralement après le coucher du soleil, à la maison du fiancé. Les parents des deux familles s'y sont rassemblés pendant ce temps.

Dès que la fiancée arrive devant la maison, on déploie un tapis qui va depuis sa chaise à porteurs jusque dans la salle de réception. Le fiancé s'avance à la porte de la maison, armé d'un arc et de flèches et fait trois fois le geste de tirer sur la chaise à porteurs, et parfois même il tire véritablement, afin d'effrayer les mauvais esprits. Il ouvre ensuite la porte de la chaise, et deux femmes d'un certain âge accompagnent la fiancée jusque dans la cour qui a été recouverte pour la circonstance d'étoffes et de couvertures qui la ferment en haut et dont les murs ont été ornés d'images et de tentures. Ces images et tentures sont souvent des présents d'amis et de parents et portent alors les noms des donateurs, en même temps que des inscriptions et des symboles destinés à porter bonheur. Parfois ils ont été tout simplement fournis par une maison de commerce.

Le fiancé et la fiancée adressent alors une prière au ciel et à la terre et passent ensuite par une porte qui conduit dans leurs appartements. Sur le seuil de cette porte se trouve une pomme placée sous une selle, puis un bassin rempli de charbons brûlants, au-dessus desquels doit passer (sans les toucher, bien entendu) la fiancée. Cette coutume repose sur un simple jeu de mots. « Pomme » se dit « ping » en chinois; « selle » se dit « an »; mais « ping an » veut dire « paix, concorde », et c'est ainsi que cette pomme et cette selle se trouvent figurer la concorde qui doit toujours exister entre les deux époux. Il y a pour le bassin rempli de charbons brûlants un jeu de mots semblable. Le sens de cette dernière coutume est que tout aille toujours bien pour le mari ; peut-être aussi a-t-on songé, lors de l'établissement de cet usage, à une sorte de purification par le feu.

A ce moment, ou bien un peu plus tard, la fiancée reçoit une assiette contenant des grains de millet et deux baguettes avec lesquelles on porte en Chine les mets à sa bouche. Dans les provinces du sud, c'est du riz qu'on lui donne, au lieu de millet. Cette coutume repose, elle aussi, sur un jeu de mots. En effet, « baguette » en chinois se dit « kuoï », mais ce mot veut en même temps dire vite et, par cette cérémonie, on exprime l'espoir de voir bientôt une nombreuse famille.

Les fiancés sont conduits ensuite dans la chambre à coucher, où la fiancée se jette aux pieds de son mari afin de reconnaître la supériorité de celui-ci. Puis tous les deux s'asseoient sur un « kang » ou sorte de canapé que l'on peut chauffer. C'est à ce moment que le fiancé enlève le chapeau ou le voile qui lui a caché jusque-là les traits de sa future femme et, pour la première fois, il voit son visage, qui ne doit pas être fardé, bien que les dames chinoises usent et abusent du fard, ce qui les fait ressembler à des poupées peintes. Mais le fiancé ne peut pas voir encore entièrement le visage de sa future, car des rangées de perles tombant de la couronne de la fiancée le cachent en partie.

De là ils se rendent dans la salle des ancêtres, où

ils adorent les dieux de la maison et offrent aux an
côtres une boisson qui sert de sacrifice.

Une fois ces cérémonies terminées, les fiancés
sont ramenés dans la chambre à coucher, où ils
s'assoient sur le lit et prennent du thé et autres ra-
fraîchissements. A ce moment lesdemoiselles d'hon-
nour écartent les cordons de perles qui cachent le
visage de la jeune fille, afin que son fiancé puisse le
voir pour la première fois.

La mère du fiancé remplit alors de vin deux tasses
rattachées l'une à l'autre par un fil rouge. Le fiancé
et la fiancée vident chacun une de ces tasses, et le
mariage est alors considéré comme célébré. Plus
tard on donne un repas de noce. La jeune femme
doit y servir ses beaux-parents après s'être jetée à
leurs pieds, afin de leur exprimer sa soumission, et
elle ne peut commencer à manger quelque chose que
lorsque les parents de son mari se sont éloignés.
Pour manifester davantage sa modestie, elle ne
mange que des mets ayant été préparés par ses parents à elle et qu'elle doit avoir emportés avec elle.

Certaines coutumes sont assez désagréables pour
la jeune femme. Le jour de la noce, les parents et
amis du marié s'entretiennent avec sa femme et,
d'habitude, critiquent son extérieur, sa toilette, son
maintien, etc., avec beaucoup plus de sincérité et parfois même de méchanceté que de politesse. C'est là
une petite épreuve à laquelle on la soumet, car on
juge, d'après la patience avec laquelle elle supporte
ces critiques, si elle a bon ou mauvais caractère.
Dans les provinces du sud, ce sont les parentes qui
se chargent de cet office et s'en acquittent avec une
sévérité plus grande encore.

Parfois aussi les parents du mari donnent à la
jeune femme des énigmes à deviner, sans doute pour
se rendre compte de la subtilité de son esprit.

On connaît, en Chine comme chez nous, les cadeaux de noce ; mais ils se font d'une manière bien
différente. Les personnes invitées à la noce payent à
une personne désignée à cet effet la somme d'argent
qu'ils veulent donner comme cadeau de noces : cette
somme est inscrite très exactement sur un registre,
car, lorsqu'il y aura une noce dans la famille d'un
des convives, les jeunes mariés qui ont reçu telle
somme comme cadeau de noces seront tenus d'offrir
une somme égale.

Trois jours après la noce, le nouveau ménage va
rendre visite aux parents de la jeune femme, qui ne
doivent avoir pris aucune part aux fêtes données à
l'occasion de la noce. C'est cette visite qui met fin à
toutes les cérémonies qui sont d'usage à chaque mariage.

XVI

LES SERVITEURS.

Les Chinois sont en général assez actifs, et surtout peu exigeants. Ils se contentent de gages très
minimes, alors que des domestiques européens exi-
geraient bien davantage, aussi sont-ils employés de
préférence.

Mais, dira-t-on, peut-on se fier à eux ? Dans une
certaine mesure. Naturellement, en Chine comme

partout, du reste, il y a des voleurs, des brigands, des coquins et des fainéants, mais, si l'on choisit ses domestiques avec soin, et surtout si l'on rend le plus ancien d'entre eux responsable de ce que font les autres, on peut être relativement tranquille.

Mais l'honnêteté des serviteurs chinois ne dépasse cependant pas une certaine limite. Les marchands sont obligés de donner aux domestiques une certaine somme sur le prix de ce qui a été acheté chez eux, comme cela se pratique du reste chez nous aussi, où le boucher, le boulanger, etc., donnent à la bonne ce qu'on est convenu d'appeler le sou du franc.

Certains marchands chinois ont essayé de réagir contre cette coutume en poussant l'acheteur à venir prendre lui-même les objets chez eux et à les emporter à son domicile. Pour cela ils vendent, dans ce dernier cas, les objets moins cher que s'ils doivent les porter en ville et être payés au domicile de l'acheteur par les domestiques ; mais tous ces efforts ont été inutiles.

Du reste, en Chine ces petits vols sont bien compréhensibles, car les serviteurs n'y sont presque pas payés. Ils touchent par an la somme de vingt-cinq à trente tiao, c'est-à-dire environ 8 francs, et reçoivent de plus une blouse bleue, une paire de souliers et un chapeau. Ils sont donc bien obligés de se procurer quelque argent par des moyens quelconques. Les concierges, par exemple, touchent régulièrement des étrangers qui habitent dans la maison un certain pourboire quand lesdits étrangers reçoivent une lettre ou une pièce officielle. C'est devenu tellement l'habitude que la plupart des étrangers donnent au concierge une somme fixe par an

plutôt que de lui donner un pourboire chaque fois.
Les personnages importants de l'Empire sont naturellement assiégés par un grand nombre de solliciteurs ; mais aucun de ceux-ci n'obtiendra une audience
s'il n'a pris soin de donner un pourboire aux domestiques, et l'on prétend même que certains fonctionnaires chinois exigent que leurs domestiques leur
donnent une partie de ces pourboires.

Comme la plupart des mandarins qui sont gouverneurs de provinces profitent de leurs fonctions, non
pas pour bien administrer le pays, mais pour emplir
leurs poches, il arrive parfois que leurs ennemis vont
rapporter à l'Empereur ou à ses confidents ce qui
se passe dans telle ou telle province, et le coupable est
forcé, pour ne pas perdre ses honneurs, ses fonctions et ses profits, de venir à Pékin et de chercher
à obtenir une audience de l'Empereur, afin de dissiper les mauvais bruits qui courent sur son compte.
C'est alors qu'il lui faut donner un pourboire formi-
dable, et une audience de ce genre coûte parfois de
vingt à cinquante mille francs.

Mais parfois le personnage qui demande une audience a la conscience absolument pure, et dans ce
cas il refuse souvent de se laisser extorquer de pa-
reilles sommes. Mais il a presque toujours des amis
qui ont intérêt à éviter le scandale qui ne manquerait
pas de se produire et qui fournissent de leur poche
l'argent nécessaire.

On raconte à ce sujet l'anecdote suivante :

Le vieux général Tso-Toung-Tang, qui avait rem-
porté de brillantes victoires, revint à Pékin pour être
reçu en audience par l'Empereur. Les autorités pré-
posées à l'octroi supposèrent, ce qui en effet, dans la

plupart des cas, eût été exact, qu'un homme qui avait
été pendant tant d'années gouverneur général d'une
province et généralissime devait avoir fait sa fortune
et même une fortune colossale, comparable à celle
du fameux Li-Hung-Chang, qui est venu visiter
l'Europe il y a quelques années et dont la fortune
se chiffre par centaines de millions. Elles lui demandèrent donc tout simplement 300.000 francs pour le
laisser entrer dans la ville, lui et ses bagages. Tso,
qui avait la conscience nette et n'avait jamais rempli ses poches aux dépens de l'État, refusa de se
laisser exploiter ainsi ; mais les autorités ne voulurent pas céder, et, comme l'audience que lui avait
accordée l'Empereur était pour le lendemain, ses
amis payèrent pour lui la somme demandée.

On raconte aussi qu'un certain Li-Fong-Pao eut
de terribles embarras parce que certains fonctionnaires puissants voulaient absolument partager avec
lui les sommes qu'ils le supposaient avoir volées.

Les gens que l'on emploie en Chine à son service
ont d'autre part un grave défaut : ils s'imaginent que
celui qui les a déjà employés une fois, ou qui même
habite tout simplement dans leur voisinage, ne peut
s'adresser à personne d'autre qu'à eux. Assurément
ils ne peuvent pas empêcher d'une manière directe
les gens d'employer d'autres personnes, mais ils
savent fort bien le faire d'une manière indirecte. Il y
avait un individu, dont la réputation était d'ailleurs
détestable, qui prétendait avoir seul le droit de transporter de Tong-Chaou jusqu'à Pékin les bagages
appartenant aux étrangers. Si l'on s'adressait à un
autre qu'à lui, il arrivait que les bagages mettaient
des semaines, des mois entiers, pour faire ce trajet

et n'arrivaient que quand on envoyait quelqu'un pour
aller les chercher. Tous ceux qui avaient une voiture
capable de servir au transport des bagages entre ces
deux endroits furent intimidés et chassés par lui, et
finalement on en fut réduit à passer par son intermédiaire.

Chinois en chaise à porteurs.

Dans la rue de Pékin dans laquelle se trouvent les
légations des puissances étrangères, habite un individu qui loue des voitures. Cet individu considère
qu'aucun autre cocher n'a le droit de transporter des
étrangers, et si l'un d'eux en transporte, il verse bien
souvent entre les mains du tyran toute la somme
qu'il a reçue plutôt que d'engager une querelle où il
aurait certainement le dessous, car il faudrait s'a-
dresser à un agent de police, lequel, pour certaines

raisons faciles à deviner, ne manquerait pas de lui donner tort.

A peu de distance de Pékin il y a des quantités de petites voitures à deux roues, traînées par des hommes, que l'on appelle des Jinricksha et qui sont très commodes. Mais il n'a jamais été possible d'introduire ces voitures à Pékin, où elles auraient eu certainement le plus grand succès, parce que les porteurs de chaises et les cochers ont jeté tout simplement dans le canal les voitures qui un jour avaient été introduites dans la ville et ont déclaré que le lendemain ce seraient les porteurs eux-mêmes qu'ils jetteraient dans le canal, s'ils ne prenaient pas la fuite au plus vite.

On voit donc que les Chinois savent défendre avec la plus grande énergie les droits qu'ils possèdent à juste titre ou qu'ils ont tout simplement usurpés.

XVII

LES OUVRIERS.

Il est certains travaux pour lesquels les ouvriers chinois sont réputés, et à juste titre, car ils ont même en fait le monopole de la fabrication ou de l'ornementation de certains objets. Nous allons passer en revue quelques-unes de ces industries.

La peinture sur papier de riz, extrêmement appréciée en Europe, est exécutée en Chine par des ouvriers remarquables, non pas par leur esprit d'invention, mais par leur grande habileté d'exécution.

Le papier de riz, fabriqué avec la moelle d'une
certaine plante, est d'abord préparé par l'ouvrier,
c'est-à-dire qu'il fait disparaître les trous qui peuvent
se trouver dans la feuille en collant par derrière
avec une espèce de mastic un petit morceau de
verre. Une fois la feuille humectée à plusieurs reprises
d'alun pour l'empêcher de boire, les ouvriers tracent
leurs dessins d'après les modèles qui leur sont
fournis par certains livres, tout à fait classiques,
où ils trouvent représentés des hommes, des animaux, des roches, des édifices, etc. Ils combinent
ensemble les divers dessins que le livre leur offre et
obtiennent ainsi des compositions dont l'ensemble
est varié, mais dont les arbres ou les figures hu-
maines, par exemple, se ressemblent fort. Dans
certains ateliers, on a même des oiseaux ou des
mandarins modèles que l'on se contente de calquer,
grâce à la transparence extrême du papier de riz.
L'habileté de l'artiste ne se manifeste donc que
lorsqu'il s'agit d'appliquer des couleurs sur ces
figures banales. Les couleurs sont additionnées
d'un peu de glu, que les Chinois préfèrent à la gomme
dont on se sert en Europe, parce qu'elle sèche moins
vite et laisse ainsi le temps de corriger. Les Chinois
travaillent avec des pinceaux extrêmement fins et
s'en servent très habilement. Ils se servent même
généralement de deux pinceaux à la fois, d'un petit
et d'un gros. Ils tiennent le petit verticalement et le
gros horizontalement, de sorte que les manches des
deux pinceaux se croisent dans leurs mains. Avec
le petit pinceau, ils réforment les traits et appli-
quent les couleurs, puis ils lui font prendre la position horizontale, ce qui amène le gros pinceau dans

la position verticale, et, avec ce gros pinceau humecté, mais sans couleurs, ils adoucissent les teintes qui ont été appliquées par le petit. Ils gagnent ainsi du temps et prennent de plus l'habitude de dessiner à main levée, ce qui est très important, car le papier de riz nécessite les plus grandes précautions afin de ne pas brouiller les couleurs.

Un produit certes bien connu chez nous comme provenant du Céleste-Empire est l'encre de Chine. On pourrait croire qu'elle n'est appelée de ce nom que parce qu'elle ne provient pas de la Chine, mais il se trouve qu'il n'en est rien. Elle est effectivement fabriquée là-bas, non pas, comme on l'a cru long-temps, avec le liquide noir comme de l'encre que projette violemment un certain poisson appelé la sepia, mais avec du noir de fumée d'une espèce supérieure et avec de la glu. Les Chinois savent fort bien juger de sa qualité, soit en la cassant par le milieu (la cassure doit être brillante, si le bâton d'encre est bon), soit en la sentant tout simplement. En effet, l'encre de Chine a une odeur spéciale qui provient du musc que l'on y mêle. Comme le musc est un parfum très cher, on n'en parfume d'une manière appréciable que l'encre de première qualité.

Les Chinois sont très habiles à recouvrir les meubles et menus objets de ce vernis spécial qu'on appelle laque. Ils font ce travail généralement à ciel ouvert et ne se retirent sous un hangar que lorsqu'il fait mauvais temps, car ils préfèrent de beaucoup travailler à ciel ouvert. Quand les meubles leur sont livrés par les menuisiers, un ouvrier étend, tantôt avec les mains, tantôt avec une sorte de spatule, la laque, qui, arrivée de l'intérieur de l'empire dans de grands paniers où elle a la consistance d'un goudron épais, a été soumise, dans des vases en grès ou en porcelaine, à l'action d'un feu léger. Ensuite le meuble passe entre les mains d'un polisseur qui étend cette première couche et la rend unie comme une glace. Souvent cette première couche est trop légère, et lorsqu'elle est sèche, on en met une seconde. Quand ce vernis est presque complètement sec, le dessinateur s'empare de l'objet et y trace en rouge toutes les arabesques de sa fantaisie. Le doreur vient ensuite et répand par-dessus de la poudre d'or.

Les ouvriers chinois sont en général très habiles. Ils n'ont pas l'esprit d'invention ni de création, mais leurs travaux sont remarquablement exécutés, et ils reproduisent dans la perfection les objets qui leur sont proposés comme modèles. On raconte à ce sujet l'anecdote suivante :

Un jour, un consul européen perdit son chapeau en remontant le fleuve Chou-Kiang. Ce consul n'en avait pas de rechange et professa la plus grande horreur pour la coiffure chinoise. Il demanda donc un chapelier et on lui adressa un ouvrier qui s'appelait Mi.

— « Dans combien de temps peux-tu me confectionner un chapeau semblable à celui-là? » demanda le consul en lui présentant son chapeau qu'il avait pu retirer de l'eau, mais qui était trop endommagé pour qu'il pût encore s'en servir.

— « En deux jours », répondit Mi.

— « Eh bien, emporte le modèle et je reviens dans deux jours. »

Quarante-huit heures après, l'ouvrier chinois était à la porte du consul, deux chapeaux à la main, l'un

avarié par les eaux du fleuve, l'autre tout flambant
neuf. Au reste, c'était identiquement la même forme.
L'ouvrier chinois avait copié son modèle avec une
exactitude scrupuleuse. En coiffant le chapeau fabriqué à Canton, le consul put croire coiffer celui qu'il
avait laissé tomber dans le fleuve. Satisfait au delà
de toute expression, il rétribua largement le travail
de Mi, qui se retira fort content.

Mi n'avait pas indiqué le procédé dont il avait usé ;
mais on ne le lui avait pas demandé, et c'était son
droit, pensait-il, de garder le silence.

Un an après, le consul était de retour en Europe.
Un jour, comme curiosité, il présenta son chapeau
chinois à son chapelier ordinaire. Du premier coup
d'œil celui-ci vit ce que n'avait pas vu le consul. La
forme seule des chapeaux était semblable, mais la
matière qui avait servi à les confectionner était bien
différente.

Sommé d'exécuter un travail, l'ouvrier chinois
avait voulu être fidèle à sa parole. Il avait donc cher-
ché de quoi était composé le chapeau, lequel était en
feutre. Mais la matière première était inconnue à la
Chine. Alors qu'avait fait l'ouvrier ? Sur une légère
feuille de carton il avait collé une étoffe de soie
ornée de tout son poil. Puis, contournant le tout selon
un procédé facile, il avait pu livrer un chapeau qui
ressemblait au modèle fourni.

Si les ouvriers chinois sont très habiles dans l'art
de fabriquer les objets, ils ne le sont pas moins dans
celui de tromper leurs clients, et il convient d'examiner de près les objets qu'ils vous vendent, comme
en témoigne l'anecdote suivante racontée par un
voyageur :

Dans une boutique chinoise, j'avais distingué tout particulièrement une petite statuette en bois de cannellier blanc, admirablement travaillée. J'étais accompagné d'un Chinois que je connaissais depuis quelque temps déjà, et je le regardai en tenant la statue pour lui demander s'il approuvait ce choix. Je crus lire dans son œil malin qu'il approuvait le choix que j'avais fait ; cela me décida et j'achetai la statue pour la somme d'environ cinq francs.

Une fois dans la rue, mon Chinois éclata de rire. Je lui demandai de m'expliquer cette gaîté, pressentant que j'avais été mystifié par le marchand. Mes pressentiments n'étaient que trop justifiés, car mon Chinois prit délicatement la statuette de la main gauche et avec la main droite détacha légèrement les bras, le cou et les jambes : cette statuette n'était qu'une sorte de poupée faite de pièces et de morceaux rapportés avec beaucoup de soin et d'art, mais enfin rapportés. J'étais désolé de m'être laissé ainsi jouer par un marchand chinois, mais j'eus du moins la consolation de voir que les autres Européens n'étaient pas plus capables que moi de disce   " l'artifice, et quelqu'un me proposa même de m'ac.   r ma statuette pour deux cents francs.

Les belles rues des grands faubourgs des principales villes chinoises ont toutes à leur rez-de-chaussée un magasin, car le commerce dans les villes occupe toutes les têtes et tous les bras. C'est là que le négoce chinois étale avec complaisance toutes les merveilles de son luxe. Les enseignes sont blanches et rouges ou rouges et or dans toute la rue. Ces brillantes couleurs qui s'étalent avec orgueil devant chaque petite boutique font excellente impression ;

il semble que la ville soit en habits de fête et qu'elle ait fait toilette pour recevoir ses visiteurs. La nuit surtout, à la lueur des mille lanternes qu'allume avec bonheur la prodigalité chinoise, ce coup d'œil est ravissant à saisir dans son ensemble. Toutes ces lumières, dont l'éclat est tamisé par le papier de couleur humecté d'huile, projettent des rayons fantastiques sur les mille objets bizarres qui sont étalés aux devantures des magasins. Les magots vivent, et leurs grotesques figures, leurs ventres rebondis, semblent inviter tous ceux qui passent à s'emparer de leur personne pour se réjouir avec eux. A côté, les porcelaines brillent de cet éclat pur qui n'appartient qu'au kaolin de la Chine ; les cristaux étincellent, les laques, sous leur éclatant vernis, laissent distinguer la forme svelte et pure des dessins de l'artiste chinois, et les paravents et les peintures semblent n'avoir attendu que ces heures nocturnes pour tenter l'acheteur. Puis, ce sont les éventails qui vous attirent, ces éventails qui n'ont pas de rivaux dans le monde et que l'ouvrier chinois travaille jusque dans leurs moindres détails avec un soin minutieux, les filigranes aux arabesques capricieuses, les soieries que Nankin envoie tissées à Canton et que Canton lui renvoie chargées d'éclatantes broderies. Le tout, pêle-mêle, est étalé à profusion à toutes les devantures et convie sans cesse le passant.

XVIII

LA GRANDE MURAILLE.

La Grande Muraille de Chine est une œuvre colossale. Pour s'y rendre, en venant de Pékin, on prend la grande route de Mongolie qui la traverse et constitue une importante voie commerciale par où passent depuis bien des siècles les longues caravanes de chameaux qui servent au trafic de la Mongolie et de la Sibérie avec la Chine. Cette route était autrefois très large et pavée, dit-on, de gros blocs de granit.

On arrive bientôt au milieu des montagnes et de toutes parts on remarque des tours et de pittoresques fortifications en ruines témoignant que la peur des Mongols et des Tartares hantait depuis longtemps les Chinois. C'est contre eux qu'a été construite la Grande Muraille, qui se compose de deux parties : la muraille extérieure et la muraille intérieure. La première s'étend sur près de 2500 kilomètres, de Chan-haï-Kwan, sur le golfe du Potchili, jusque dans la province de Kansou, sur le haut fleuve Jaune ; sa construction remonte à deux cents ans avant notre ère ; il va sans dire qu'elle a été souvent remaniée et réparée. En pierres de taille près de la mer, elle est en briques sur la plus grande partie de son parcours et a une épaisseur de 5 à 6 mètres, sur une hauteur qui n'est guère supérieure ; à l'extrémité ouest ce n'est plus qu'une levée de terre.

La muraille intérieure, qui date du vi⁰ siècle de notre ère, mais a été presque entièrement reconstruite par la dynastie des Ming, au XVI° siècle, a 800 kilomètres de développement. Elle est construite d'une manière analogue aux murailles de Pékin : un soubassement en pierre ; deux parements crénelés en briques recouvrant de la terre battue ; le sommet, dallé, forme un chemin de 3 m. 50 de largeur environ ; la hauteur varie, suivant les irrégularités du terrain, de 4 à 6 mètres ; des tours carrées deux fois plus élevées, munies aussi de créneaux ainsi que d'embrasures, se dressent fréquemment, à peu près tous les cent mètres.

La Grande Muraille est beaucoup moins imposante que l'enceinte de Pékin, mais il ne semble pas cependant qu'elle mérite les railleries dont elle a été l'objet. Contre des assaillants ne disposant pas d'artillerie, contre des cavaliers comme les Mongols et les Tartares, c'était une défense des plus sérieuses, et, s'ils l'ont franchie quelquefois, elle a plus souvent encore arrêté leurs invasions. Bien que ne servant plus depuis l'établissement de la dynastie actuelle, qui est elle-même tartare, elle est restée, grâce au soin avec lequel elle avait été entretenue jusqu'à l'avènement de celle-ci, un des monuments les mieux conservés de la Chine.

XIX

L'OPIUM.

L'opium est un produit que l'on tire du pavot et qui vient des Indes anglaises, en particulier de la province de Bombay, où le pavot est plus spécialement cultivé. L'Empereur de Chine a voulu interdire l'importation de l'opium, mais l'Angleterre l'a contraint à laisser importer cette substance dangereuse en lui déclarant, en 1840, une guerre d'où elle sortit victorieuse.

Les fumeurs d'opium sont couchés sur des lits de rotins, deux par deux, la tête un peu relevée ; une petite lampe, répandant la clarté d'une veilleuse, est placée entre les deux fumeurs, ainsi qu'un pot de porcelaine qui contient l'opium et deux petites broches en fer. Un plateau supporte ces divers objets. La pipe est une espèce de demi-sphère creuse ; au centre elle a un petit trou d'environ deux millimètres de diamètre et, sur le côté, un trou plus grand auquel s'adapte le tuyau. Le fumeur prend au bout de la petite broche une petite quantité d'opium semi-liquide, et il la chauffe à la flamme de la petite lampe en tournant la broche entre l'index et le pouce. Il ne faut pas que l'opium s'enflamme, parce qu'il se calcinerait, mais il faut qu'il devienne assez compact pour qu'en mettant la petite boulette (que l'on a formée en tournant la broche entre ses doigts) dans le trou supérieur de la pipe, on puisse retirer la broche, qui laisse alors la boulette perforée de part en part. On embouche ensuite le tuyau et, après trois ou quatre petites aspirations, la boulette est entièrement consumée, et l'on recommence le même manège.

Une fois que l'on a goûté à cette fumée enivrante, dit un fumeur d'opium, c'en est fait, on ne peut plus se décider à l'empêcher d'aller faire éclore dans les cavités de votre tête les rêves d'or, les rêves sensuels qui s'y colorent de toutes les teintes de la plus délirante imagination. Je m'étonne seulement qu'un fumeur d'opium mette quelque intervalle entre ses funestes mais inénarrables jouissances, ces jouissances pendant lesquelles le sang devient un fluide subtil, céleste, et les nerfs acquièrent le plus haut degré de sensibilité.

Certains Chinois fument chaque soir cinquante à soixante de ces pipes, jusqu'au moment où une profonde ivresse extatique se déclare. Mais, pendant cette ivresse, éclate le poème, se déroule, comme une toile céleste, le magnifique tissu d'un rêve à travers lequel les génies de l'opium promènent leur navette magique. La réalité la plus enivrante est bien pâle à côté de ces illusions que le fumeur d'opium étreint de toute la force de son momentané mais suprême délire.

Malheureusement, au sortir de ces jouissances, le corps s'amaigrit, la face se décolore, un tremblement continuel agite les membres, et le fumeur arrive bientôt à la mort par un chemin où il se traîne comme un vieillard précoce et imbécile.

XX

LA MUTILATION DES PIEDS.

Les Chinoises ont une particularité qui les distingue des autres peuples de l'Asie et du reste du monde, c'est qu'elles ont, pour la plupart, des pieds excessivement petits, si petits que parfois ils ne dépassent pas sept centimètres de longueur. Il va de soi que cette conformation des pieds n'est pas naturelle, et elle n'est obtenue qu'à la suite d'un véritable martyre que l'on fait subir à l'enfant. Dans la Chine du nord principalement, on attache en dessous les quatre doigts de pied les plus petits et l'on entoure de bandages le pied tout entier. Dans les provinces du sud et dans les classes supérieures de la population, on attache au-dessus de la plante des pieds, à l'endroit concave qu'elle présente naturellement, un cylindre en métal qui déplace les os supérieurs du pied et les fait remonter, jusqu'à ce qu'ils dépérissent, et la mère aide parfois à cette opération en les brisant. C'est entre quatre et sept ans que l'on fait subir à la petite fille cette opération très douloureuse et, de plus, très longue, car elle nécessite souvent plusieurs années.

Les bandages doivent être enlevés tous les jours et remis de nouveau. Le pied, après avoir été fortement massé, doit être lavé avec de l'eau-de-vie chinoise, si l'on ne veut pas qu'il se forme des abcès et autres maladies, et la propreté la plus grande est absolument nécessaire.

Cette affreuse mutilation qui rend beaux, au jugement des Chinois, les pieds des victimes qui la subissent, nous paraît complétement répugnante, et de plus ne nous semble pas du tout contribuer à embellir le pied, qui ressemble bien plutôt à celui d'une chèvre que d'un être humain.

Cependant cette mutilation n'empêche pas un grand nombre de femmes d'aller et venir, de porter des fardeaux, etc. Dans les classes riches, en revanche, elle engendre la paresse la plus complète. Dans le sud en particulier, beaucoup de Chinoises riches ne font pas un pas sans être appuyées sur deux esclaves, et, lorsqu'elles se promènent au jardin, c'est montées sur le dos d'une esclave.

Mais cependant il ne faudrait pas croire que toutes les Chinoises sont soumises à cette opération. Dans le peuple, beaucoup de familles s'affranchissent de cette tradition. D'autre part, nous avons vu qu'il y avait en Chine deux races : une race conquise, la race chinoise proprement dite, et une race conquérante, la race tartare-mandchoue. Cette dernière n'a jamais adopté cette coutume barbare, sans doute pour se distinguer des vaincus. Aujourd'hui cette distinction entre vainqueurs et vaincus est bien effacée, mais les Tartares ne se sont pas conformés sur ce point à la coutume chinoise. En revanche, dans bien des parties de la Chine, avoir de petits pieds est pour une femme un signe de distinction, tandis qu'une femme qui a des pieds ordinaires ne saurait être que vulgaire et dépourvue d'éducation. Un voyageur prétend même que lorsqu'un Chinois veut se marier, la première chose qu'il demande, ce sont les souliers de la jeune fille à laquelle il songe.

Mais, direz-vous, d'où vient donc cette coutume ?
En vérité, personne n'en sait rien, les Chinois pas
plus que les autres. Les historiens chinois nous
racontent d'ordinaire les moindres événements, les
anecdotes les plus insignifiantes, et cependant ils
sont complètement muets sur ce point. Aussi circule-
t-il en Chine un grand nombre de légendes destinées
à expliquer l'origine de cette coutume. D'après l'une
de ces légendes, la femme de l'Empereur Li-Yu, qui
vivait au dixième siècle de notre ère, avait de nature
des pieds extrêmement petits, ce que le monde trouva
très beau. Les dames de la cour essayèrent alors de
réduire leurs pieds au plus petit volume possible,
pour rivaliser avec l'Impératrice, et peu à peu la mode
s'en serait établie.

Cette mode est devenue tellement puissante qu'un
Empereur essaya en vain de la faire disparaître par
un édit impérial. Au bout de quatre ans d'efforts il
dut y renoncer, et cependant les conquérants
tartares avaient obtenu ce qu'ils désiraient sur un
autre point au moins aussi important :

Tout le monde sait que les Chinois portent leurs
cheveux noués en une longue tresse qui leur retombe
dans le dos et qu'ils sont dans la plus grande déso-
lation si quelque malheur arrive à cette tresse précieuse. Eh bien ! cette coutume date de l'invasion des
Tartares et a été imposée aux Chinois par leurs vainqueurs, qui voulurent qu'on pût les distinguer à
première vue des vaincus. Mais pour ce qui est de la
mutilation des pieds, les Tartares n'ont pas eu gain
de cause et un historien rapporte même l'histoire
suivante :

Si les Tartares s'emparèrent de Pékin, ce fut en

grande partie grâce à la complicité du général Wei-
san-Kwei ; mais celui-ci ne consentit à les aider
dans leur œuvre de conquête qu'à la condition que
les femmes chinoises ne fussent pas obligées de
porter le costume mandchou et de renoncer à la coutume de se faire des petits pieds.

Nous avons donc vu que les femmes tartares ne se
mutilaient pas les pieds, mais elles ont cette particularité qu'elles portent au milieu de leur semelle un
large talon d'environ six centimètres de hauteur,
ce qui leur donne une démarche peu assurée, assez
semblable à celle des gens qui marchent sur des
échasses. Cette coutume s'explique par ce fait que,
vu la saleté qui règne ordinairement dans les rues
chinoises, les femmes sont fréquemment obligées de
patauger dans la boue.

XXI

LES PAYSANS.

Les gouvernements chinois qui se sont succédé
depuis des siècles se sont tous préoccupés de la situation des habitants des campagnes, peut-être moins
par sollicitude pour eux que parce que ce sont eux
qui payent les neuf dixièmes des impôts ; mais ce
que les gouvernements ont essayé de faire n'a jamais été mis sérieusement à exécution, et la condition actuelle des paysans est véritablement misérable.

L'Etat possède à lui seul tout le territoire de l'Empire. Ce territoire est excessivement morcelé, et chaque paysan possède au moins un petit lopin de terre et une vache ou un porc. Les impôts que chacun d'eux doit payer sont déterminés chaque année par les autorités d'après l'état de la moisson et doivent être payés en nature. Nul ne peut vendre sa terre à un autre s'il n'est en état de garantir le paiement des impôts pendant une période de cinq ans. Tout cela est très bien en théorie, mais dans la pratique il en est tout autrement. En effet, les fonctionnaires, désireux de se faire valoir auprès du gouvernement, ou tout simplement de mettre dans leurs poches le plus d'argent possible, exigent du paysan des impôts très élevés qu'il ne lui est possible de payer que si l'année a été vraiment bonne et la récolte fructueuse. Mais malheureusement il n'en est pas toujours ainsi. Il y a souvent en Chine des années où la sécheresse est très grande et où la récolte est par suite mauvaise. Dans ce cas, le pauvre paysan n'a plus qu'à souffrir de la faim, à mendier ou à mourir. Le gouvernement, qui ne veut pas perdre, se rattrape sur les autres, auxquels il inflige des impôts encore plus élevés, et la misère devient générale.

Quand la sécheresse, les inondations, les sauterelles, les exactions des fonctionnaires ont ruiné un pays, les esprits sont tout disposés à la révolte. C'est pour cela que les troubles et les révoltes sont si fréquents en Chine. Comme les troupes régulières sont peu nombreuses et mal organisées, il suffit que les révoltés remportent quelques succès pour que la rébellion devienne générale. C'est ainsi que la révolte des Taïpings, dont on a beaucoup parlé ces der-

nières années et qui a mis en grand péril le gouvernement chinois, avait pris à un moment donné
une importance considérable et n'a pu être réprimée
qu'à grand'peine.

Naturellement ces révoltes n'améliorent nullement
la situation des paysans. Ils se trouvent en effet
dans la triste situation suivante : les rebelles se
mettent régulièrement à piller tous les villages par
lesquels ils passent, et les paysans se joignent parfois à eux pour n'être pas dépouillés de leurs biens ;
mais en agissant ainsi, ils s'exposent tôt ou tard à
des représailles de la part du gouvernement. Si
d'autre part ils s'enfuient avec leurs biens et vont
chercher un abri auprès des troupes impériales, ils
risquent fort de faire un bien mauvais calcul. En
effet, les troupes impériales, qui ne brillent pas précisément par le courage, trouvent beaucoup plus
simple de tailler en pièces quelques milliers de ces
malheureux sans défense et de faire grand bruit de
leur vaillant exploit, que de s'exposer aux blessures
qu'elles pourraient recevoir en combattant contre les
révoltés.

Si la situation des paysans est triste, celle de
certaines classes d'ouvriers ne l'est pas moins.
D'après un compte rendu d'un gouverneur de province, 140 malheureux ont été mis en liberté qui
étaient retenus de force dans une mine. Dans certains districts, il y a des puits de mines qui sont
périodiquement inondés. Pour faire épuiser l'eau,
les propriétaires des mines concluent des contrats
avec des sociétés qui sont composées des pires
éléments de la population. Ces sociétés établissent
des maisons de jeu et d'opium pour y attirer les

imprudents qui perdent naturellement au jeu ou auxquels on compte des sommes tellement fortes pour les mets ou les boissons qu'ils ont consommées, qu'ils sont dans l'impossibilité de s'acquitter et, ne sachant comment sortir d'embarras, finissent par se vendre comme esclaves à ces sociétés. Parfois même des étrangers se laissent prendre à ces pièges.

Ces sociétés construisent alors auprès des mines des sortes d'habitations qui consistent tout simplement en des trous faits dans la terre et arrangés très primitivement, de façon à être à la rigueur habitables. Ils sont entourés de fortes palissades et une seule porte, toujours étroitement surveillée, y donne accès. C'est dans ces prisons que ces sociétés conduisent leurs malheureuses victimes, après les avoir dépouillées de tous leurs vêtements, même de leurs chaussures, et ils sont employés alternativement le jour et la nuit à épuiser l'eau des fosses, ne recevant qu'une nourriture détestable et insuffisante.

Quand ces malheureux sont épuisés de fatigues et de privations, on les accable de coups pour leur faire reprendre leur travail, et toute tentative de fuite est punie de la façon la plus cruelle.

Les plus faibles parmi ces infortunés succombent rapidement, parfois même au bout de quinze jours, aux privations et aux mauvais traitements. Les plus vigoureux endurent de terribles souffrances et jamais le moindre repos ne leur est accordé. Leurs bourreaux les regardent tranquillement mourir.

Même quand l'eau est épuisée et qu'il n'y a plus de travail, on garde ces malheureux comme des

prisonniers, afin qu'ils puissent encore servir pour
la saison prochaine. Il en meurt chaque année plusieurs centaines dont on ensevelit les cadavres précipitamment sur les pentes d'une colline, et jamais
leur famille n'est informée de ce qu'ils sont deve-
nus.

Des édits ont été promulgués pour empêcher
ces horreurs, mais il ne semble pas que jusqu'à
présent ils aient eu une bien grande action.

Le paysan chinois, dans les provinces du sud
principalement, cultive presque exclusivement le
riz, et, du reste, dans les campagnes, la nourriture
du peuple se compose à peu près uniquement de
riz. Cette culture est rendue facile par les nombreuses irrigations que permettent tant de rivières
et de canaux qui sillonnent en tous sens le Céleste-
Empire. Cependant le riz indigène ne suffit pas
encore à la consommation, et on en apporte une
grande quantité de tous les pays voisins, en particulier de l'Annam et du Tonkin.

La campagne dans laquelle se cultive le riz est
en général un terrain conquis sur le fleuve. Il se
produit en Chine ce qui arrive également en Egypte :
les fleuves, recevant une trop grande quantité d'eau
à un certain moment, débordent et entraînent avec
eux la vase qui était au fond de leur lit. Cette vase
se dépose sur le sol et y reste quand les eaux se
retirent. Elle ne tarde pas à sécher en partie sous
les rayons d'un soleil brûlant et fournit un terrain
admirablement propre à la culture. C'est ce qu'on
appelle des terres d'alluvions. Le riz affectionne
ces terres, et les laboureurs chinois, qui sont très
habiles, n'ont garde de laisser se dépenser en pure

perte ces dispositions naturelles de leur sol. Ils
ensemencent la terre à peine dégagée des eaux et
lorsqu'elle est encore couverte de ce limon fertile
qu'y ont déposé les inondations. Puis ils soignent
avec un soin extrême cette plantation, attendant
avec anxiété l'heure de la moisson, qui pourra leur
donner, sinon la richesse, au moins l'abondance.
Les femmes les secondent puissamment dans ces
labeurs incessants, et c'est grâce à elles, autant au
moins qu'à leurs maris, que la terre se couvre sans
cesse de riches moissons ; car le riz exige des soins
si constants et une culture si attentive que l'homme
n'y pourrait jamais suffire.

À l'époque où l'on voit la couleur dorée dominer
les rizières, ou plantations de riz, descendent des
montagnes du nord des paysans qui viennent dans
les plaines chercher du travail. Ces montagnards
très pauvres sont habitués à émigrer ainsi chaque
été. Ils arrivent par bandes et se mettent au service
des cultivateurs de riz qui à ce moment manquent
de bras. Ces paysans sont fort habiles à scier et à
battre le riz, et, si leur industrie venait à faire défaut
aux habitants de la plaine, la récolte annuelle ris-
querait fort d'être manquée. Les soins des femmes
ne sauraient y suffire. Il faut des bras robustes pour
faire la moisson, et le paysan propriétaire ou culti-
vateur de la terre est obligé de recourir à des mains
mercenaires, étant lui-même retenu par d'autres
soins.

En effet, dans son activité, le paysan qui cultive
la terre aux environs des villes et sait lui faire rendre la moisson qui s'écoulera le plus facilement sur
le marché voisin, exerce presque toujours un autre

métier. Parfois, il est porcelainier, et c'est lui qui donne la façon première à tous ces vases aux formes étranges que recherchent tant les Européens. Il fabrique aussi, avec une terre qui a quelques-unes des qualités du kaolin, des tuiles légères qui, enduites d'un vernis brillant, servent à la toiture des kiosques. C'est surtout du côté de Canton qu'il se livre à ces métiers, car c'est vers Canton que se dirigent souvent les moissonneurs venus des montagnes, qui vont l'aider dans sa besogne d'agriculteur.

XXII

LES EXAMENS.

Nous avons rencontré souvent, dans les contes ou les résumés de pièces de théâtre que nous avons insérés dans ce volume, le mot « lettré ». Les lettrés sont en Chine ceux qui ont fait les études nécessaires pour les divers examens qui donnent accès aux fonctions publiques, et si, dans ces contes et ces pièces, le héros est presque toujours un lettré, c'est parce qu'ils sont considérés comme des personnages de la plus haute importance. Ce titre est tellement recherché qu'il y a parfois 14.000 jeunes gens qui se présentent à cet examen où n'en seront reçus que 150. Cet examen est du reste une épreuve très dure : les candidats passent trois jours sans sortir un instant, dans des loges de quatre pieds sur

quatre, où il leur est impossible même de se coucher, en tête à tête avec leur pinceau, leur papier

Professeur chinois et son élève.

et leur bâton d'encre de Chine. Il n'est pas étonnant
qu'à chaque examen on soit obligé de relever plusieurs morts.

Mais aussi quelle gloire quand on est reçu ! C'est
un insigne honneur pour une famille que de compter un lettré parmi ses membres, et toute une province est en fête quand un de ses enfants est reçu
premier aux examens triennaux du doctorat à
Pékin ; lorsqu'un lauréat retourne dans sa ville na-
tale, il est accueilli en grande pompe comme un
triomphateur.

Il ne s'ensuit pas que tout candidat heureux ob-
tienne nécessairement une place ; malgré cela, les
hommes qui paraissent vraiment habiles ou remarquables arrivent à se caser, et voici comment : la
plupart des places s'achètent plus ou moins ; voit-
on un sujet capable de bien faire son chemin, il
se forme un syndicat, une société en comman-
dite, qui lui avance les fonds nécessaires pour
mettre le pied à l'étrier, qui l'aide dans ses démarches et se fait largement rémunérer ensuite en per-
cevant une part dans les bénéfices des charges
occupées par son protégé.

Ce qui est pire encore que cette corruption, ce
sont les matières sur lesquelles portent ces examens. On ne s'y occupe que des œuvres de deux
anciens philosophes, Confucius et Mencius, et de
celles d'autres philosophes vieux de plus de 2000 ans.

Ce sont des centaines de volumes que les candidats doivent savoir à peu près par cœur, car la mémoire est la seule faculté que l'on cherche à exercer. A certaines questions, il faut répondre uniquement par des citations textuelles ; lors même que
cela n'est pas obligatoire, il convient d'émailler sa
composition d'un grand nombre de ces citations.
Quant au beau style, il consiste surtout à choisir

Les examinateurs pendant la proclamation des lauréats.

de temps à autre, parmi les 60.000 caractères
qui composent l'écriture chinoise et représentent
chacun un mot, des signes presque inconnus, qui
ne se trouvent que dans quelque recoin caché d'un
vieil ouvrage, au lieu d'employer leurs synonymes
usuels. Aussi tout l'effort de l'instruction prépara-
toire consiste à faire apprendre aux malheureux
candidats le plus grand nombre possible de caractères, en même temps que le plus grand nombre
possible de citations de classiques.

Le résultat de cette méthode, c'est qu'on voyait
encore en 1897, c'est-à-dire deux ans après cette
guerre avec le Japon qui a mis le Céleste-Empire à
deux doigts de sa perte, un censeur, c'est-à-dire un
des plus hauts fonctionnaires de l'Empire, protester
dans un rapport à l'Empereur contre les concessions
regrettables faites aux inventions des barbares occi-
dentaux, c'est-à-dire des Européens, au risque de
troubler le repos des morts. Plutôt que de construire
des chemins de fer, concluait-il sérieusement, ne
vaudrait-il pas mieux promettre une récompense à
celui qui retrouverait le secret des chars volants
traînés par des phénix qui existaient autrefois ? Un
membre du conseil des ministres chinois s'élevait,
peu de temps auparavant, contre les travaux de terras-
sement de ces mêmes chemins de fer et contre les
clous enfoncés dans les traverses qui risquaient de
blesser les dragons sacrés habitant le sous-sol et
protecteurs des villes de l'Empire. Toutes les superstitions relatives à la circulation dans l'air de
bons et de mauvais esprits, aux prescriptions qui
en résultent pour la hauteur des monuments et
la disposition des ouvertures, exercent le plus

grand empire parmi les gens les plus haut placés.

Tant que le système administratif chinois n'aura pas été modifié, ainsi que les examens qui donnent accès aux fonctions publiques, il ne semble pas que de bien grands progrès puissent être réalisés.

XXIII

CONCLUSION.

On dirait qu'un souffle du génie de l'immobilité a passé sur la Chine et qu'il a arrêté le développement des arts, de l'industrie et des sciences ; l'esprit humain y a rencontré une limite qu'il semble s'être promis de respecter éternellement ; aussi ne se met-il pas à la torture pour ajouter au legs des générations anciennes. Le Chinois ressemble à un cheval de manège qui tourne toujours dans le même cercle ; il a à son cou la chaîne invisible qui l'arrête au point proscrit ; il n'invente rien, ne perfectionne rien, — et ce qu'il écrit, ce qui sort de ses mains, n'est ni l'enfance, ni le progrès, ni la barbarie, ni la civilisation ; on sent que tout cela flotte dans le plus singulier milieu littéraire et artistique.

Il est impossible de deviner ce que produira plus tard sur eux le spectacle des arts de l'Europe, des vaisseaux européens venus pour leur apporter le secret de notre force et leur dérober le secret de leur faiblesse stationnaire ; mais ils n'ont pas, pour le moment, l'air de vouloir beaucoup proliter de la puissante autorité de l'exemple : ils continuent à bâtir leurs maisons, à construire leurs jonques, comme leurs pères le faisaient à une date enfoncée bien avant dans la nuit des âges. Leurs vêtements, leurs meubles, n'ont nullement changé depuis plus de mille ans, et les obstacles que leur langue oppose à la science et qui font qu'un très petit nombre de Chinois appartiennent à la classe lettrée, continuent à subsister.

Cette ville aux maisons basses, aux rues étroites, d'une architecture fantasque, bizarrement découpée, ces costumes, ce langage, ces mœurs qui tranchent tant sur les nôtres, tout cela a aujourd'hui le même aspect, la même forme que tout cela avait il y a plus de deux mille ans. Le temps a marché astronomiquement, mais il n'a pas marché moralement.

Nos Chinois ont même conservé, à coup sûr, jusqu'aux airs de visage qu'avaient leurs pères quand vivaient les grands philosophes moralistes et réformateurs de la Chine.

Assurément, dans les provinces reculées de tous les pays on trouve des gens arriérés dans leurs mœurs, leurs coutumes et leur langage. Mais ce n'est jamais que l'exception ; en Chine c'est la règle générale, et le culte que tout Chinois professe pour la mémoire et les traditions des ancêtres suffirait pour donner une explication satisfaisante d'un semblable phénomène. Parmi nous, les progrès des moyens de communication amènent ces frottements universels qui sont la source des changements de mœurs. Il n'en saurait être de même chez les Chinois, où la conquête de tout le pays par l'invasion étrangère n'est qu'un accident.

Ainsi la domination tartare, qui a appesanti son joug sur cet immense empire où croupissent trois cent millions d'individus, n'a pu vaincre la force d'inertie qui attache invisiblement le Chinois aux traditions paternelles. Le barbare victorieux a été vaincu à son tour par le Chinois policé. S'il a obtenu par la violence satisfaction sur certains points, il a été obligé de céder sur la plupart des autres et de se conformer lui-même aux usages qu'il aurait désiré proscrire. Les coutumes nouvelles que les Tartares ont apportées sont un objet d'horreur pour tout vrai Chinois; il s'y soumet parce qu'il a peur, et son obéissance n'est que de la lâcheté. Mais qu'on gratte la première écorce, et aussitôt le vieil homme reparaîtra; qu'une occasion se présente, et il reviendra avec fureur aux usages anciens. A force de civilisation, ce peuple est presque tombé dans l'enfance, il n'a que les apparences viriles et toutes les aptitudes de travail et de patience qui en font le peuple le plus industrieux de l'univers.

Tel est le jugement que portait un voyageur sur le peuple chinois, il y a quarante ans. A ce jugement il n'y a pas grand'chose à changer aujourd'hui, comme le prouve cet autre jugement porté tout récemment par un autre voyageur.

L'esprit chinois se signale par un éloignement des idées générales, par une absence d'idéal telle que le plus exclusivement pratique des Orientaux ne manque pas d'en être choqué. Les Célestes forment donc un peuple peu sympathique et nullement séduisant, d'autant plus que leur physique, disgracieux à notre goût, vient brocher sur le tout et qu'ils sont dépourvus de ce charme particulier dont leurs voisins, les Japonais, savent envelopper tout ce qui les touche.

Les Chinois ont cependant de grandes qualités : ce ne sont pas des qualités aimables — en dépit de la politesse extérieure, répandue dans toutes les classes beaucoup plus qu'en Europe, trop purement cérémonielle, toutefois, ne provenant d'aucun sentiment de bienveillance et dont on se lasse vite, — mais ce sont des qualités sérieuses : patience, persévérance, travail acharné, aptitudes commerciales de premier ordre, industrie, économie, grande force de résistance physique, respect des parents et des vieillards, contentement de son sort. Si l'Etat chinois présente tous les symptômes de la décadence, il serait donc parfaitement injuste d'en dire autant de la race, énergique et laborieuse. Sans doute le gouvernement n'est pas la seule chose à réformer en Chine : l'habitude séculaire de regarder vers le passé comme type de perfection a produit une véritable atrophie de certaines facultés de l'esprit chinois, qui n'a plus d'élasticité, qui s'est pour ainsi dire ossifié : toute originalité, toute puissance d'invention, ont disparu pour faire place à l'imitation servile et sans discernement. On en a des exemples chaque jour dans le courant de la vie : l'un des plus typiques est celui du tailleur à qui l'on a commandé un vêtement d'après un modèle dans lequel se trouve un trou et qui vous en rapporte la copie identique, sans oublier le trou, soigneusement fait à la place et avec les dimensions exactes qu'il occupait sur le modèle.

Dans le même ordre d'idées, on montre à Sicawei, près de Shanghaï, dans un établissement de mission-

naires, des dessins exécutés par de jeunes Chinois,
pour les planches d'une publication sur les animaux
vivant en Extrême-Orient. Ils comportaient, entre
autres, des pièces de squelettes d'animaux divers,
sur lesquelles on voyait constamment reproduits,
malgré les observations des missionnaires, les moindres fêlures accidentelles. Il n'est pas impossible de
faire prendre aux Chinois des habitudes nouvelles,
mais c'est une difficulté presque surhumaine de les
déterminer à modifier celles qu'ils ont une fois con-
tractées, celles surtout que leur ont léguées leurs ancêtres. On peut leur apprendre le métier de chauf-
feur ou de mécanicien ; on ne saurait obtenir d'un
menuisier qu'il change ses méthodes de travail. A
l'orphelinat qui fait partie des établissements de Sicawei, je visitais l'atelier de menuiserie. A chaque
établi ne travaillait jamais qu'un seul ouvrier. En me
le faisant remarquer, le missionnaire qui me guidait
ajouta qu'ils se refusaient absolument à travailler
à deux, parce que ce n'était pas l'usage : les plus
jeunes orphelins voient travailler les plus âgés ou les
adultes restés au service de la mission et tiennent à
suivre les mêmes habitudes.

Pour réveiller un peu d'originalité et d'esprit d'invention chez ce peuple qui les a perdus, pour détourner vers l'avenir ses regards obstinément fixés sur le
passé, il faudra sans doute des générations et un contact intime prolongé avec les hommes et les choses
de l'Occident ; ce contact commence à peine. Avant de
produire ses pleins effets sur la race, il pourra cependant en avoir sur la terre chinoise ; il devra permettre la mise en valeur de ses ressources, et les
richesses qui dorment actuellement inexploitées dans

cet immense territoire ne seront plus perdues pour
l'humanité.

Si l'œuvre du développement économique de la
Chine est entreprise par les Européens surtout dans
un but égoïste d'intérêt personnel, il n'est pas moins
vrai qu'elle améliorera forcément dans une large mesure les conditions d'existence du peuple chinois,
ne fût-ce qu'en étendant le champ de son activité, à
présent bornée à l'agriculture et à la petite industrie;
elle permettra, par exemple, à la main-d'œuvre, actuellement surabondante, de s'employer à l'exploita-
tion des richesses minières que renferme le sol chinois, richesses aussi négligées maintenant que la
culture du sol est perfectionnée.

Si, comme tout autorise à le croire, les grandes
inventions industrielles, conséquences des découvertes scientifiques, ont à elles seules réellement
contribué à rendre plus doux le sort des populations
européennes, leur introduction en Chine sera un bien-
fait de premier ordre pour les habitants de ce pays.

TABLE DES MATIÈRES

TABLE DES GRAVURES

Poitiers. — Société française d'Imprimerie et de Librairie.

www.ingramcontent.com/pod-product-compliance
Lightning Source LLC
Chambersburg PA
CBHW050008100426
42739CB00011B/2562